*La belleza es verdad y la verdad belleza.*
*Es todo lo que necesitas saber en la tierra.*

John Keats

*Senté*
*a la belleza*
*para injuriarla,*
*pero ebria y sorda se ha dormido*
*en mis rodillas.*

Tomás Salvador González

© Asunción Escribano, 2024

*Dirección editorial:* Héctor Escobar
*Director de la colección:* Gustavo Martín Garzo
*Fotografía de cubierta:* José Ramón Vega
*Diseño de la colección:* Miguel Riera
*Maquetación:* Alberto R. Torices

ISBN: 978-84-10057-45-6

Dep. Legal: Le. 199-2024

Impreso en España — Printed in Spain

Asunción Escribano

# La belleza de **lo bienaventurado**

De la belleza (17)

Asunción Escribano

# La belleza de **lo bienaventurado**

EOLAS EDICIONES

*A mis compañeras, responsables de las colonias felinas de Santa Marta de Tormes, que saben hacer del cuidado de la fragilidad animal una forma hermosa y esperanzada de lo bienaventurado.*

*La herida es aquel lugar por el que la luz entra en ti.*

Rūmī

*El enfermo es bendecido y se le revela cierta verdad que aquellos que no padecen sufrimiento alguno serían incapaces de comprender.*

Olga Tokarczuk

*Pero esa es la belleza que prefiero,*
*La que se manifiesta*
*En lo más desvalido,*
*Donde no se la espera,*
*En las cunetas hondas*
*Siempre del desamparo,*
*En la intemperie, en el erial,*
*En ese descampado que es el mundo,*
*Para dar testimonio*
*Del existir de todos,*
*Pues merece la pena*
*Convertir en sentido y en fulgor*
*Todo aquello que amamos.*

José Luis Puerto

# ÍNDICE

p. 15    Umbral

p. 19    1. Dichosos los niños que tienen caballos

p. 25    2. Dichosos los que un día miran a lo alto y ponen el oído al mundo

p. 31    3. Dichosos los que cultivan una siembra dichosa de pájaros

p. 37    4. Dichosos los que tienen luz de luna en su vestido

p. 43    5. Dichosos los que se retiran del mundo

p. 51    6. Dichosos los que olvidan el porqué del viaje

p. 57    7. Dichosos los que pasan la noche con la insignificancia

p. 65    8. Dichosos los que regresan

p. 75    9. Dichosos los que callan

p. 81    10. Dichosos los que esperan

p. 87    11. Dichosos los que confían

p. 95    12. Dichosos los que saben que detrás del lenguaje se halla lo indecible

p. 103    13. Dichosos los que no renuncian al regalo de lo inmenso

p. 111    14. Dichosos los que apuran el año en armonía con la tierra

p. 119    15. Dichosos los que guardan en la memoria palabras de Virgilio o de Cristo

p. 129    16. Dichosos los que escriben poesía desde el júbilo

# UMBRAL

Espacios del cosmos donde se deposita la luz. Así también podría haberse titulado este libro. Porque lo bienaventurado es también lo blanco, lo iluminado por la lumbre simple del pleno existir. «Lo afortunado» lo llama el diccionario. Porque sin conciencia de su fortuna, hay multitud de seres, de espacios, de encuentros que están llenos de fragilidad, de dolor y de belleza y, por ello, llevan en sí la bendición. Y es naturaleza de cada persona aprender a mirarlos. Es obligación del escritor —del poeta— alzar en alto las palabras que los señalan, para que no todo en el mundo sea noticia del poder del metal y de la brea, y para abrir zanjas en el terroso discurrir de los días y que la lluvia de la esperanza las rebase y desborde, y todo lo inunde de su luminosidad.

María Zambrano los bautiza como *abismos blancos*, y añade que «están rondando en silencio en una danza que cuando se hace visible es orden, armonía geométrica». Cuando se hace visible, insiste, pues estos seres en su silencio se vuelven cristalinos, y hay que volver a bautizar los ojos para aprender a verlos, y ejercitarse en mirar la vida a su través. Ellos han conseguido esa transparencia anhelada por Juan Ramón Jiménez, pero en ellos también se contiene adensada la ración de gracia que debería corresponder a cada uno de nosotros.

*La belleza de lo bienaventurado* parte de la certeza de que el mundo está lleno de seres y de momentos tocados por la herida y la bondad, por la verdad y la belleza, y sobre ellos se quiere aposentar la palabra para descubrirlos y hacerlos resplandecer. Cada capítulo parte de un verso en el que se recoge una «bienaventuranza» inesperada, llevada a cabo, y proclamada, por algún escritor. La forma literaria de la bendición *(eulogía)* es antigua, pero en los últimos años los poetas se han lanzado a enarbolarla con la consciencia —o la inconsciencia— del valor de la palabra poderosamente encaminada a mejorar el mundo. Estas bendiciones nos sirven como lugar de partida que alienta la escritura. No se busca su análisis, sino dar un paso más, avanzar sobre las huellas que han dejado otros para seguir el camino de sus flechas. Los vestigios de la palabra bienhechora. Espacios, sucesos o personas se agrupan en este libro representando a los millones de momentos, hechos o individuos que hacen cada día que la vida merezca ser vivida esperanzadamente.

A ellos están dedicadas estas palabras. Ellos son los hilos invisibles y finos cual cabellos por los que caminamos el resto como funambulistas sobre un alambre viejo y deteriorado, siempre a punto de ceder, siempre a punto de saltar, sin pensar en la red, en pos de un trapecio que no sabemos si nos espera ahí. Ícaros eternos a los que se nos ha concedido, sin que seamos conscientes, la suprema ofrenda de lo bienaventurado.

A Buda se atribuye el texto que hermosamente afirma: «Dieciséis veces más importante que la luz de la luna es la luz del sol./ Dieciséis veces más importante que la luz del sol es la luz de la mente./ Dieciséis veces más importante que la luz de la mente es la luz del corazón». Sean para el lector, así, estas 16 sendas iluminadoras como el sol, clarividentes como la mente, pero, sobre todo, sean conmovedoras e inspiradoras, como todos los dones que proceden del corazón.

## I

## DICHOSOS LOS NIÑOS
## QUE TIENEN CABALLOS

Existe un momento de dicha deslumbrante que se esconde lejano en los alargados días de la infancia. Esa extensión que entonces tenía la forma de un horizonte que no cesaba de acrecentarse en su despliegue extenso, hoy se encoje día tras día. Conforme nos hacemos adultos tendemos a ver el mundo más pequeño, al alcance de nuestra soberbia. Pero la física cuántica nos ha enseñado que el viaje de la historia personal se hace en ambas direcciones: del pasado hacia el presente, pero también del presente hacia el pasado. Y el trayecto no se realiza sólo a lomos de la memoria. También esta resistencia contra el deterioro del aliento se construye con palabras, con imágenes, con poemas y relatos que nombran la dicha de haber sido niño, la embriaguez de poder contener a aquel que fuimos en el cuenco acogedor de nuestro presente.

«¡Dichosos los niños/ que tienen caballos, que es tener la dicha/ de ser Reyes Magos!» canta Gabriel y Galán desde una época que ya no es la nuestra, recordándonos aquellos ojos que creían en la existencia de lo imposible. Los Reyes Magos eran la suspensión de la incredulidad que hoy se les supone a los lectores de novelas y relatos. La vida entonces siempre era una aventura. Y los ojos vivían demorados en los cables alzados de lo incierto. Toda la fortaleza bullía en torno a nosotros. Caballos o palomas, trenes o pizarras, y los pinceles y acuarelas que podían recrear sobre el folio blanco de la ebriedad clarividente de los primeros años, la infinitud alegre de la imaginación.

«La infancia acaba oficialmente cuando se añade el primer cero a los años» añade, melancólico, Erri de Luca y continúa: «A los diez años empecé a cantar en voz baja». Eso hace el mundo con los niños, los obliga a decir su canción calladamente, o a olvidarla. Después, de adultos, ya no encuentran en el cajón del guardarropa de sus días aquel deslumbrar de las cosas primerizo. La infancia es un país de «Nunca Jamás» al que más tarde ya no se puede volver. Es aquel «bosque de los sueños» que, cuando llega el invierno y ha pasado el tiempo, se desea y no se olvida, como escribe Antonio Colinas en uno de sus poemas: «Hoy que es invierno busco aquel amparo,/ vuelve el recuerdo a destrenzar las noches/ que en soledad pasé en una cabaña/ cuando era niño y educaba el pecho/ con amoroso afán para la vida».

Dichosos los niños que tienen caballos…, pero bien podría haber escrito Gabriel y Galán, felices los niños que montan en bicicleta, y más si lo hacen con su padre, como en el poema «La bicicleta» de Alejandro López Andrada, donde la nieve le habla, susurrando, al oído del recuerdo, calladamente, quizá porque ya está lejos de aquella inaugural década dichosa o, tal vez, porque el tiempo ha acumulado su ruido oscuro sobre los goznes de los días, y ya no se puede escuchar nada que no esté fabricado de su chirriar de óxido. «No he vuelto a oír/ la nieve susurrando, hablándole/ al silencio con ternura,/ hilando en un murmullo la arboleda,/ como en aquella noche/ tan lejana,/

¿te acuerdas, padre?, en que los dos viajamos/ por tu memoria/ y lento me llevabas/ subido en una humilde bicicleta/ atravesando el tiempo/ que iba abriéndose/ como una mano blanca en la espesura».

No en vano, Orson Welles, chiquillo feliz en Wisconsin, terminó su obra maestra *Ciudadano Kane* con la palabra talismán *Rosebud*, pronunciada por el protagonista, el gran magnate Charles Foster Kane (trasunto de William Randolph Hearst, dueño de un imperio mediático que utilizó para sus intereses particulares), en el momento de su muerte. «Si pudiéramos saber qué quiere decir *Rosebud* sabríamos quién fue Kane», señala un periodista en el filme. Cuando finaliza la película, la cámara se acerca lentamente a todos los objetos que poseyó Kane —o que lo poseyeron a él—, que están siendo arrojados al fuego. Entre cientos de cajas apiladas y cacharros confusos, aparentemente desapercibido, destella único un trineo, en el que puede leerse la palabra pronunciada por el moribundo. Y en ella se anuda, se explica y se compendia su vida, porque nunca fue tan feliz el gran Kane como cuando disfrutaba y contemplaba absorto el soñoliento descender de la cellisca sobre sus ojos de niño.

Esta es la palabra que retiene el protagonista cuando todo cede, el trineo y la felicidad de dejarse caer por la nieve haciéndose uno en ella. Toda su gloria se encoge adaptándose al tamaño de aquel vehículo no enterrado en la memoria, y su precipitarse con alegría, como sólo saben dejarse resbalar —confiados— los niños sobre el tiempo y sobre el mundo. La prudencia y la desconfianza luego irán empequeñeciendo su mundo.

Todos guardamos en el cofre de nuestro desencanto acumulado, como una moneda pirata que brillara esplendorosa y nos dijera la verdad sobre nosotros, un pequeño *Rosebud*. Ojalá todos lo lleváramos como un camafeo vivo sobre el centro de nuestra vida, para recordarnos siempre —desde nuestro más tierno brote— como fuimos, como somos verdaderos. Dichosos los niños que tienen caballos.

## 2

## DICHOSOS LOS QUE UN DÍA MIRAN
## A LO ALTO Y PONEN EL OÍDO AL MUNDO

El ritmo de los días impone su metrónomo hecho de costumbres y de ritos. Y los ojos y los oídos se adaptan a estos ciclos. Se les olvida respirar, acostumbrados a repetir resonancias y matices conocidos. ¿Dónde está, entonces, el palpitar sensitivo que nos salvaría de nuestro ritmo desgastado, de nuestra vida en continuo proceso de erosión? El suelo de cemento nos arrastra en cada paso, y nos torna nuestra vida en plomo. Hemos olvidado cómo levantar el rostro para contemplar lo alto. No contamos estrellas. Ya no hablamos con las nubes ni descubrimos profecías en ellas. El vuelo de los gorriones también ha dejado de cantarnos...

Antoine de Saint-Exupéry tiene casi 30 años cuando describe la felicidad del vuelo, enhebrándola al esplendor de estar cerca de las nubes. Y la modula en palabras que susurran la música de las esferas para el mundo. En su primera novela, *Correo del sur*, hecha de retazos de recuerdos, nombra esa dicha sublime: «Un cielo puro como el agua bañaba las estrellas, develándolas. Después venía la noche. [...] La noche: esa morada... [...] Pero, ¿cómo creernos esta paz? Los vientos alisios deslizándose sin descanso hacia el sur, absorbiendo la playa con su ruido de seda».

El anhelo de vivir en lo alto se ha apoderado de su vida, a él se entrega al final de sus días. Pero mientras llega ese final concorde, el ascenso le enseña las lecciones que hay que aprender: el poder de lo invisible a los ojos, la relevancia de no dejar nunca de ser niño y de soñar con estrellas, la conciencia de los límites humanos, sobre todo de los propios, que lo aparente siempre es menor que lo verdadero, la importancia de hacerse cargo amorosa y responsablemente de las cosas y seres que nos han sido encomendados (niños, animales, ancianos, flores o estrellas), la alegría de estar en paz con tu lugar en el mundo, el poder silencioso que regala el vivir esperanzado y con el rostro vuelto al amor y a la belleza, despojados de todo lo que es prescindible, que es casi todo. No hay que saber más para habitar con armonía la tierra. Bienaventurada su sabiduría y su dicha que hacemos nuestras al leerlo.

Pocos son los llamados a esa bendición desapercibida que se hilvana con frecuencia con el dolor. Este oculta la cara luminosa de esa fortuna callada e íntima, poderosa e imperceptible, que a veces se halla al final de los días. Como le ocurre a Vincent Van Gogh. El pintor, rozado ya por la locura en sus ojos —o preso, quizás, de una lucidez desconocida, insensata y desbocada—, contempla el mundo desde la ventana de su celda en el monasterio asilo de Saint Paul de Mausole, en Saint-Rémy de Provence, y mientras observa de día el campo lleno de trigales y florido de lavandas en julio, escribe a su hermano Theo que la madrugada es del señor de las estrellas: «A través de la ventana con rejas de hierro percibo un cuadro de trigo en un cercado, una perspectiva a lo Van Goyen; por encima, cada mañana veo levantarse el sol en toda su gloria». Ese es el golpe de luz que le inspira «La noche estrellada».

La enajenación creciente no modifica la percepción. Son los aromas y los colores, la belleza elevada y soberana, los que se muestran desmedidos tras los barrotes de la habitación. El charco del mundo le lava los ojos y hace crecer la hierba de su asombro. Habla entonces de intimidad, de paz y de majestad en su carta a su hermano Theo el 25 de mayo de 1889. Lleno de mundo, alaba el espacio pequeño en el que vive, el espacio sagrado en el que pisa, el color verde agua de las cortinas, delicado para un espíritu atento. Despliega en la carta la alfombra descriptiva de la tapicería del sillón: «una tapicería manchada —matiza— a lo Díaz o a lo Monticelli, pardo, rojo, rosa, blanco, crema, negro, azul miosotis y verde botella». Sólo necesita abrir los ojos para ver.

Y mira a lo alto y pone el oído al sonido —en su paleta vibrante de acordes— del cosmos. Insiste en ello, sin saber que está legando a la posteridad las claves del mejor método humanístico para ser feliz: «Esta mañana he visto la campiña desde mi ventana largo tiempo, antes de la salida del sol;

no había más que la estrella matutina, que parecía muy grande». Claudio Rodríguez lo bendice, como si lo hubiera conocido en persona: «Dichoso el que un buen día sale humilde/ y se va por la calle, como tantos/ días más de su vida, y no lo espera/ y, de pronto, ¿qué es esto?, mira a lo alto/ y ve, pone el oído al mundo y oye».

Mirar a lo alto es la manera de salvación para el que siente los látigos de la locura restallar en sus entrañas, como ametralladoras furiosas. La serenidad del horizonte amarillo es la mejor terapia, el sonido de las cigarras, «que cantan desgañitándose», es mejor que cualquier medicamento. En ese paisaje calcinado inserta los temblores de los círculos arremolinados en movimiento, palpitando rítmicamente, de su cielo estrellado. No los ve sino dentro de sí, volteándole el pulso con sus tambores de quásares beodos —giróvagos danzantes tras horas de trance—. Con una mano acaricia el mundo y, con la otra, el pincel. Y pinta, pinta: puestas de sol, horizontes, segadores, cosechas, campos labrados, viñas verdes, trigo maduro, iglesias, jarrones con lirios, pinos, cipreses, olivos…, para salvarse de la locura o de la nada. Para fundirse con ellas, que le llaman y tientan desde el fondo del mar. El óleo se extravía como piel encendida entre sus manos, y los pinceles impresionan las telas con caricias vehementes.

Bendito él que ve y escucha la realidad como es, y no apagada, amortiguada, descolorida, ajada y moribunda, como para el resto de los ciegos y sordos mortales. Dichosos los que un día miran a lo alto y ponen el oído al mundo.

## 3

## DICHOSOS LOS QUE CULTIVAN
## UNA SIEMBRA DICHOSA DE PÁJAROS

Aprender el nombre de los pájaros tendría que ser una asignatura obligatoria en los colegios. Distinguir sus plumas, sus colores y vuelos, un espacio necesario de gimnasia mental en cualquier currículo infantil. Sólo así podría asegurarse la felicidad futura del infante.

Jacques Prévert dibuja la brutalidad de una jaula con barrotes para aprender a hacer el retrato de un pájaro y luego borra las señales de la cárcel, y pinta hermosas ramas, y el frescor del viento, y el follaje verde, y el polvillo del sol y el zumbar de los insectos en verano. Y mucho cielo para que vuele y cante el ave. Así también habría de ser nuestra educación en este mundo. Que borrara cerrojos y permitiera que nos alzáramos sobre el aire y, más alto todavía, sobre las nubes y más, incluso, y que aprendiéramos a bosquejar en forma de canción, con un pincel iluminado o con la pluma blanca de nuestro propio vuelo, lo que vivimos. Los pájaros son los cristales que refractan en ascenso multicolor la materia prima desde el musgo blanco de la arcilla. Escribe el poeta granadino Gerardo Venteo: «Bienaventurado sea quien/ cultiva una siembra/ dichosa de pájaros/ y hace de su voluntad/ virtud de amor,/ gestos de bondad/ para atravesar/ en donación de sí/ el tiempo».

Cruzar el tiempo en donación de sí. Este es el aprendizaje del pequeño, Hikari Oé, el hijo herido —aparentemente— del escritor japonés Kenzaburo Oé. Nacido con una hidrocefalia, y con lesiones cerebrales graves y permanentes, entre las que se encontraban el autismo y la imposibilidad de hablar, Hikari (que significa Luz en japonés) entendía el mundo de otro modo, veía en él gestos intactos y señales vírgenes que otros no hubiéramos podido jamás llegar a contemplar. Sabe que las palabras en su convención consabida no le hablan, y que con ellas no podrá nunca construir el castillo de la música que escucha dentro de la caja de resonancia de su silencio.

Relata, de este modo, su padre Kenzaburo Oé cómo él mismo, de niño, sintió la profecía de que un día hablaría el lenguaje de los pájaros, y que fue a través de la vida de su hijo como lo logró. Rememora hermosamente cómo un verano, cuando Hikari tenía seis años, estando la familia en la casa de campo, el pequeño, que no había dicho nunca una palabra, oyó un par de pájaros chirriando desde el lago, más allá de una arboleda, y en ese momento el niño los nombró: «rieles de agua». Como un originario Adán, bautizando el mundo recién estrenado, el pequeño hijo pronunció las primeras palabras humanas tardíamente en su vida.

Igual que aquellas aves que —como sabemos por Farid Al Din Attar— iniciaron el viaje para encontrar al Simurgh, rey de los pájaros, en cuyo final del viaje entendieron que lo que buscaban ya lo llevaban dentro, Hikari se vuelve en ese instante profundamente sabio, pues ha aprendido a comprender los mensajes del cielo, del vuelo y de las aves, y lleva en sí la infinitud de sus melodías que sólo él sabe entonar. Como Sigfrido, ha probado la sangre del dragón y comprende el canto de los gorriones. Por ello, la música será, a partir de ese momento, el sentido de su vida.

«Entonces las aves se abandonan a su deseo de unirse al rey,/ y en su fuego Él las consume», finaliza el libro del poeta persa. Hikari, también absorbido por las llamas de la armonía que le hacen rimar dentro y fuera, ya no dejará de escuchar los trinos de las alas, con las que comunicará su verdad al mundo entero. «El lenguaje/ te obliga a decir bien lo que has oído/ de la brizna de hierba» escribe consciente de esta dicha Basilio Sánchez. De esta manera, el pequeño Salomón-Hikari, el niño curado en su corazón sinfónico, compone escondido, guarecido bajo el alero de la emoción, dejándose acunar por la estampida de cadencias que le crecen dentro como plantas trepadoras. Escribe pautando en el papel el sonido palpitante de la lluvia sobre hojas y ramas, como un xilófono delirante.

Igual que le ocurriera a Nils Holgersson, el niño cuyo viaje imaginara la escritora sueca Selma Lagerlöff y cuya lectura tanto nos hizo disfrutar, que viaja surcando el cielo a lomos de un ganso y que ha aprendido —también— a hablar con los animales, igual que él, el pequeño Hikari Oé ahora ya entiende y se comunica con los seres casi transparentes, y sus alas le golpean y le deslumbran los ojos. Y siente que puede modular en escalas la rítmica frescura del aire en las montañas, y también dibujar acompasadamente en notas su fragancia.

En la isla canaria de La Gomera, en pleno siglo XXI, se ha propuesto a los colegios una nueva asignatura: el lenguaje del silbo gomero, el modo con el que desde hace siglos se comunican en los valles y montañas de la isla sus habitantes. Sin duda es una herencia de la cercanía entre especies aún en una época en la que, como nos recuerda Pascal Quignard, en Occidente «las lenguas tuvieron tendencia a reducir el número de palabras que eran comunes al animal y al hombre», como queriéndonos alejar de nuestro ser animal.

«Cantó un pájaro, oí/ su decir claramente,/ y en todo el universo solo había/ certeza y gratitud», confiesa casi a modo de *koan* espiritual Vicente Gallego, como si también él hubiera aprendido a hablar a partir de escuchar la tonada de las aves y los lirios. Certeza y gratitud son las semillas de la felicidad y de la bienaventuranza. Dichosos los que cultivan una siembra dichosa de pájaros.

# 4

## DICHOSOS LOS QUE TIENEN LUZ DE LUNA EN SU VESTIDO

Una brizna de hierba que lejos danza bajo el viento nocturno y escucha las palabras del ángel que la alienta en su crecer. Una fuente escondida en una noche, que mana y corre. Una huida en la noche oscura, o un encuentro amigo que se vierte en un incendio… Todos estos momentos son postales de una ráfaga de luna rasgando la densidad opaca de la noche. «Dichosos los que tienen luz de luna en su vestido», escribe Federico García Lorca nombrando su propia dicha.

Allí se encuentra aquel pirata alzado en la llanura del mar que hace tiritar a la luna en su azogue. Sobre esa noche hecha de trazos de un pincel de silencio sobre el lienzo del mundo pende la luna congelada. Es esa una noche boca arriba, como la de Julio Cortázar, cargada de olores en la que sueño y vida se confunden, igual que sucede en la parábola titulada «Sueño de la mariposa de Chuang Tzu», donde el protagonista sueña que es una mariposa, y alcanza también su libertad en el vuelo hasta tal punto que acaba no sabiendo si es hombre que sueña ser mariposa o mariposa que sueña ser hombre.

Borges señala, en su *Historia de la noche,* esa oscuridad que hace a los hombres ciegos y aullar a los lobos, y también acude a la palabra noche «para el intervalo de sombra/ que divide dos crepúsculos», y nombra a modo de oda su ser sereno, y a los hacedores de su posibilidad infinita, los ojos. En ellos, el arpón de la luna deposita sobre lo oscuro un destello de lumbre que no hace daño. Y son pocos los hombres que lo saben y se acercan a ese fulgor vertical como brazos maternales que rodearan la vida. Pero aquellos que han tanteado esa iluminación que quiebra en dos la negrura, visten de luna su vestido para siempre. De este modo el blanco se vuelve una forma de resistencia frente al frío de la lobreguez. Su sombra se deja atrapar por las fibras albas del vestido y nos ampara cuando todo se vuelve turbio.

En ese espacio simbólico, iluminado por una luz en plena oscuridad que es, sobre todo, interior, se encuentra refugiado Juan de la Cruz, castigado por los suyos, intentando ser domeñado por causa de sus alas, de su deseo de caminar descalzo por la vida. Juan de la Cruz, azotado por los hermanos por ese anhelo, a pan y agua, encerrado en una celda mínima, sin apenas ventana. Pero el astro nocturno sobre el vestido opaco de la noche le muestra la escala, la disfraza de blanco sobre el blanco, y así, Juan puede escapar secretamente en la noche inflamada de hambre de encontrarse con el Amado en el espacio íntimo del deseo. Pero antes, garabatea un papel hecho milagro, entregado por la compasión de un hombre que ha hallado en el pequeño fraile una verdad poderosa y oculta.

Desde una pregunta inicial salta al abismo. ¿Adónde te escondiste…?, demanda en la oscuridad más desesperanzada y, desde el rayo de luz que penetra por la vidriera abierta de su cuerpo como un cuenco que pudiera retener en él toda la tormenta, siente que la respuesta se ha hecho carne, se ha hecho vida. El canto, el silencio y el amor le señalan la vía, hecha del cordel del paño de unas sábanas, por las que se deja caer como la lluvia por el tejado. Ojos dañados por la ausencia de luz, ojos de autillo heridos, pero corazón intacto, bruñido en azogue, inflamado de belleza desde dentro.

El poeta teje nudos con el nombre de Dios en las cuerdas de la red de su pensamiento y sus palabras, como un pescador que no quisiera nada más que estar trenzando amaneceres todo el día. Juan de la Cruz experimenta un nuevo nacimiento en la huida, tras casi nueve meses de dolor y de silencio, nueve meses que —por si el símbolo numérico no bastase— le han traído desde La Encarnación hasta estas vísperas de La Asunción en un guiño del espacio y el tiempo que manifiesta el amparo de las alas que le cobijan. Es la madrugada del 15 de agosto, y es acompañado por los grillos y el susurro del calor del concierto del verano sobre el cielo todavía estrellado.

El pequeño Juan, ciervo herido para siempre, alma llagada de amor, es recogido por las hermanas descalzas que le cuidan (siempre las mujeres recomponiendo las quebraduras del deseo de poder impuesto por los hombres). Gimiente, con la señal del viento y del espíritu sobre el rostro enfermo, vulnerado para siempre. Rozado por la caricia temblorosa de la gracia, canta una melodía borracha, con la ebriedad que poseen las alas calcinadas de los pájaros y el correr atolondrado de los cervatillos. El pequeño Juan, que ya vive muriendo para siempre, nos habla de la fuerza poderosa de lo débil, de la potencia de la espiga frente al viento, mientras entra en la espesura, y reclina su vida sobre las azucenas...

Hay una leyenda cheroqui que habla de la tribu de los «Ojos de luna», hombres que sólo pueden ver por la noche y, por tanto, alimentan su mirada de lo umbrío, retirados del mundo, en un espacio de asombro oscuro donde las leyes de la física —como palomas delirantes en blanco éxtasis— rompen la lucidez esperada del vuelo. Juan de la Cruz, tras meses de encierro ajeno a la luz del sol, con los sentidos ahora guiados por la llama íntima, se ha vuelto uno de ellos, de la tribu de los «Ojos de luna». Las lenguas del fuego se han unido, y lumbre y rosa ya son uno. Dichosos los que tienen luz de luna en su vestido.

## 5

## DICHOSOS LOS QUE SE RETIRAN
## DEL MUNDO

Hay una dicha palpitante en el silencio. Retirarse de todo el ruido que generan las ciudades, del temblor de terremoto que nos aguarda tras las redes sociales y de sus nudos tóxicos es un don que sólo unos pocos se regalan a sí mismos. Son escasos, de este modo, los que escogen la mejor parte, aquella en la que se aprende a hablar acompasadamente el lenguaje de lo natural. Y los que deciden transitar por este camino no pueden sino terminar compartiendo su felicidad: «Dichoso el humilde estado/ del sabio que se retira/ de aqueste mundo malvado», escribe, así, Fray Luis de León en la vigésimo tercera de sus odas, señalando la libertad poderosa alcanzada por quien prefiere como destino su apartamiento. Allí está «La Flecha», en la cornisa por la que puede vislumbrarse pausado el río Tormes, testificando ese secreto convulso en el que se componen los mejores versos.

Todo el que se relega en el silencio se vuelve, de alguna manera, un emboscado, alguien que funde libertad y naturaleza pero no pierde la fe en la vida, sino que la acrecienta, como escribiera Guillén: «rechacé/ mundo, lo que nos sobraba./ Pero te guardé mi fe». María Zambrano, camuflada en esa voluntad y en esa conciencia que agracian la libertad y la poesía, entrando más adentro en la espesura, también apunta a esa liturgia iluminada en sus *Claros del bosque*, espacios que uno no sabe si son interiores o externos, pero cuyo temblor todos sentimos vibrar en algún momento de la vida. Quizá tengamos que haber rozado primero la maleza, que haber sido lacerados por la hiedra del mundo, para comprender la salvación que abarca ese centro de luz que, a su vez, nos contiene. Esa médula del bosque donde no siempre es posible entrar, como dice la filósofa, y que es señalada en su transitar por las huellas de los animales y de los pájaros, como inicio incandescente de un nuevo lenguaje. Como ocurriera ya en el origen de los tiempos, en la orilla del Éufrates, donde las huellas de los pájaros sobre el barro seco iniciaron la cañada simbólica de la escritura, también ahora son «las palabras hacedoras de orden y de verdad».

Thoreau lo experimenta durante más de dos años y nos lo narra en toda su obra, ya sea en *Walden* y en sus ensayos, o en sus diarios y cartas. Quiere estar solo y se entrega a los bosques. Construye una cabaña con sus manos, quizá para habitar táctilmente el espacio que después le refugiará, como tegumento cordial, todo su cuerpo, o para decirle a la materia que ahora, como amantes de idéntica libertad, ya son lo mismo. Aunque no tardará en aprender que la arboleda se vuelve amparo siempre para quien inocentemente se asienta en ella. «¿Qué es una casa sino una sed?», se pregunta Thoreau. Otro gran amador de los espacios intocados por el hombre, Eugenio de Andrade, le había suplicado al río de cristal en su «Última canción», insistiendo en el valor que posee la espera en la travesía vital, como manera plena de remover la propia vida: «dame de beber la propia sed». Estamos en la mejor tradición de la soledad espiritual de nuestro Siglo de Oro.

Mas volvamos al eremita estadounidense. Envoltura y entorno se funden y, de este modo, él modula la madera de la que ya forma carne, construye con doseles de viento, poseído por una fiebre de árboles, de aguas y semillas. Se hace vecino de los pájaros, de los lagos, de los valles, de la fronda. De la serenidad. Descubre que su morada se halla ubicada en una parte del universo, escondida y siempre nueva. El tiempo aturdido se lentifica, como un reloj sin pilas, olvidado desde antiguo en un cajón de la mesilla, y los días apenas se suceden y en ellos se acumulan pinceladas de asombro. «Cada mañana me traía una nueva invitación a conferir a mi vida igual sencillez, y me atrevo a decir inocencia, que la de la Naturaleza misma», señala el escritor.

Podemos imaginarlo fácilmente coleccionando iconos de cada amanecer encendido, esculpiendo alegrías sucesivas, impulsado por el canto de las aves, que hacen avanzar las horas como una barca sobre un remanso de música. Los sentidos palpitantes, importando matices para el pantone de emociones que dan lugar a la escritura de un diario. Cada fecha reproduce el primer día de la creación, se acrecienta en la hospitalidad del bosque.

Su gran amigo Ralph Waldo Emerson había apuntado antes, en su obra *Naturaleza*, fruto de una experiencia semejante que, al cruzar un ejido despoblado, cubierto por una sábana de nieve, al anochecer, «he sentido alguna vez un júbilo total. Mi alegría es tanta que casi me produce temblor». Liberado el hombre del hormigón del tiempo, los minutos aceitosos resbalan lentos por su vida y se hace niño para siempre. Como una vigorosa experiencia cósmica, desaparecen las fracturas entre el hombre y el universo, y también las resistencias de aquel. Y así Thoreau se vuelve consciente de su naturaleza auténtica: «Es deliciosa la tarde cuando el cuerpo todo es un solo sentido que absorbe placer por cada uno de sus poros. Voy y vengo en la naturaleza con una extraña libertad, parte de ella misma».

Y ese idioma aún desconocido puede ejercitarse en los colores de las palabras, o en los del mismo bosque, como hace Agustín Ibarrola con los árboles en el Bosque de Oma, en cuyo centro se perciben relaciones rítmicas bidimensionales en un espacio tridimensional. En él se recogen miradas tranquilas, pinos encendidos como antorchas, troncos disfrazados de bengalas, trajes de novias cansadas ya del blanco que desfilan entre verdes antiguos, y le dicen al hombre que los contempla que la mesura cromática pertenece a las olas. Que en el bosque toda tonalidad comulga en armonía con colores imposibles, con destellos de lumbre que palpita. «El universo se vuelve transparente y es atravesado por la brillante luz de una ley más alta», escribe insistiendo en ello Emerson. Se ha llegado a esa experiencia interior que ensambla, como una pieza única y perfecta de un mecano de cristal, al hombre y a la naturaleza.

Hay una manera de la confianza que sólo puede ser experimentada en la rebelión contra el ritmo frenético de las metrópolis, en la suspensión de las leyes estipuladas socialmente por los hombres. Una forma de resistencia interior que se rige por el metrónomo de la brisa entre las hojas en otoño, y por la disposición imantada del milagro. Ese punto sin medida, al que se había referido Chillida, refleja el diálogo entre la materia rápida y el espacio lento, y se sitúa en el horizonte infinito del límite. En el borde entre una humanidad amputada que se remata a sí misma mediante la maravilla que genera el arte. Dichosos los que se retiran del mundo.

# 6

## DICHOSOS LOS QUE OLVIDAN
## EL PORQUÉ DEL VIAJE

Tardamos en ser conscientes de que la vida es un viaje del que regresamos al final de nuestro tiempo llenos de zarpazos y aturdidos de experiencias confusas que, con frecuencia, nos superan. Desde la atalaya de nuestra biografía impuesta, casi nunca escogemos el camino, nuestra propia historia y, a menudo, tampoco podemos elegir la compañía. Esta identificación entre vida y viaje se ha hecho lugar común en la escritura desde antiguo, y la filosofía y las religiones han intentado dar respuesta al porqué de esta trayectoria desconcertante en muchos casos. Kavafis, con una mirada llena de luz y confiado, le dice a su lector: «Si vas a emprender el viaje hacia Ítaca,/ pide que tu camino sea largo,/ rico en experiencias, en conocimiento». Añade que no tenga miedo, que «A Lestrigones ni a Cíclopes,/ ni al fiero Poseidón hallarás nunca,/ si no los llevas dentro de tu alma/ si no es tu alma quien ante ti los pone». Pero a veces, no eres tú quien los escoge.

La escritora inglesa Virginia Wolf no pudo evitar que la convivencia dolorida con los lestrigones familiares le desguazara la vida. Confiada a sus hermanastros mayores, estos abusaron de ella. Niña frágil, se rompe para siempre. Callada y acostumbrada a encerrarse en la jaula familiar de los buenos modales, este será un daño permanente en el corazón, tapado por la arena de los días, esperando a mostrarse como un cangrejo escondido en una playa nocturna, cuando ella estuviera más débil. Ojalá hubiera podido ser posible el deseo de Jorge Urrutia, «feliz quien, como Ulises, hizo un bello viaje,/ encontró Roma en Roma y retornó a su casa». Ojalá también el de Kavafis.

La vuelta a casa para Virginia Woolf ya nunca fue posible. La depresión, como una invasión de termitas furiosas, fue horadando lenta y repetitivamente su deseo de continuar el camino, hasta hacerse moho negro creciente en la pared de los días. Pero, antes, desde una alcoba propia, durante largos años escribe y le dice al mundo algo tan revolucionario, en ese momento, como «que una mujer debe tener dinero y una habitación propia para poder escribir novelas». Escribe dando cauce a los pensamientos líquidos de sus personajes que se dicen en su flor de conciencia. Modela sus protagonistas concediéndoles la libertad furiosa de ser ellos mismos. Los hace ser no por sus actos, sino por sus emociones, dejando que saquen su fuego fuera, que nos digan a los lectores sus miedos, sus sueños, sus esperanzas, sus deseos, sus sentidos. Con perspectivas originalísimas que dan cobijo a los sueños y al poderoso inconsciente a la hora de nombrar el mundo, de volver a construirlo como el primer día de la creación.

Sin embargo, el hundimiento emocional se va volviendo cada vez más conocido tras años de cercanía. «Creo que voy a enloquecer de nuevo», le escribe al final de su tiempo a su esposo, Leonard Woolf. «De nuevo…», matiza, como si la locura fuera la confidente constante con la que se toma una un café cada semana; como si fuera un martillo que golpeara, machacón y monótono, las paredes del domicilio de al lado; como si fuera el latido de un corazón taquicárdico a punto de reventar de angustia.

«Dichoso el que olvida/ el porqué del viaje/ y, en la estrella, en la flor, en el celaje/ deja su alma prendida» había escrito Machado. Pero para la escritora el viaje no importa. Sólo importa ya el viajero. Y Virginia, que ha extraviado su alma, no puede convivir consigo misma, con ese yo desdoblado que sólo implora su descanso. Anota en su diario el jueves 9 de enero de 1941, como una profecía, un par de meses antes de su muerte: «Cual es la frase que siempre recuerdo —u olvido—. Dirige una última mirada a todas las cosas hermosas». Y cuando ya no queda nada, la conciencia de haber sido amada por alguien bueno es el destello y la contemplación que rescata en su último escrito, aunque esta luz cercana y bella, no sea un alumbramiento capaz de rescatarla. «Todo lo he perdido excepto la certeza de tu bondad» reconoce en su carta de despedida a Leonard Woolf.

En una de las misivas de amor más impresionantes y tristísimas que se han escrito, Virginia relata a su marido lo que él ya sabe. Que el miedo al propio miedo se ha vuelto nudo que la paraliza y la estrangula. Que sabe que todo va a volver a repetirse sin remedio, como una noria desencajada de sus goznes que eternamente diera vueltas. Que toda la alegría se ha marchado de su vida… Y se despide. «No creo que dos personas pudieran ser más felices que lo que hemos sido tú y yo». Es esta una misiva tan profundamente desconsolada que empuja al lector a querer viajar hacia el pasado para salvarla de sí misma. Inútilmente, porque ella, en un viaje imposible al útero materno, vuelve al agua, y el río Ouse la acoge con los brazos abiertos.

Nunca tanto como en esta ocasión quisiéramos, con todo nuestro corazón, que la herida hubiera podido ser sobreseída, que la bienaventuranza que encabeza y cierra este capítulo hubiera sido el relato de un suceso y no un simple deseo. Dichosos los que olvidan el porqué del viaje.

## 7

## DICHOSOS LOS QUE PASAN LA NOCHE
## CON LA INSIGNIFICANCIA

E legir la insignificancia como camino sólo puede ser resultado de una sabiduría inmensa o el resultado de un daño antiguo y profundo. O ambas cosas a la vez. La percepción de la pequeñez es la argamasa transparente que adensa la conciencia si se ha aprendido a bucear en el fondo de las aguas de la vida y su sentido. También el aislamiento es su compañero más devoto. Y de nuevo la noche, el escenario imprescindible. «Bienaventurado el que ha pasado la noche con la insignificancia» manifiesta, consciente de este don, Juan Carlos Mestre.

Y con esa combinación precisa recalamos necesariamente en los márgenes de la ensenada biográfica del más solitario de los escritores solitarios, como definiera Martin Walser a Robert Walser. El escritor suizo caminó siempre con un pie situado en la brutalidad del mundo y otro en la frontera de la transparencia. Convivió en paulatina y creciente concordia con esta última, y la acabó eligiendo como compañera fiel en sus últimos días. Antes, había dibujado en uno de sus relatos, titulado «El lugar bonito» su *locus amoenus* deseado, su espacio ideal, a salvo de todo el mundo, donde su protagonista, un poeta llamado Emanuel (elección nominal no inocente, pues este nombre significa en hebreo «Dios con nosotros»), joven nervioso y sensible, se retira para escribir: «El lugar en el bosque era tan silencioso y agradable, el cielo encima de él tan azul y sereno, las nubes tan amenas, los árboles de la orilla opuesta tan variados y de tan exquisito colorido, el prado tan suave y el arroyo que regaba aquel prado solitario tan refrescante que el señor Emanuel hubiera tenido que estar loco para sentir algo que no fuera dicha».

La muerte de la madre, tras años de enfermedad psíquica —expulsión por segunda vez del claustro materno—, coincide con la vocación por la palabra a la que el escritor no pudo evitar responder como modo de cauterizar una llaga que permanecería ya abierta para siempre. «Una madre es una cabaña con vistas a la ternura», acierta lúcida la tinta fulgurante de Jesús Montiel sintetizando en emoción los primeros años de ese «señor de las periferias». Así se va haciendo hombre el niño, cargando sobre la espalda de sus horas el costal infinito del daño.

Se vuelve, de este modo, el escritor rama y también pájaro. Hermana, entonces, un páramo de aficiones y obligaciones humildes: el teatro, la redacción publicitaria, la obligación en una oficina, la contabilidad… Cambia constantemente de trabajo y en todos ellos ensaya la intemperie. Pero la escritura le va creciendo dentro como un árbol de follaje desmesurado cuyas hojas fueran tomando la propiedad orgánica de sus cavidades emocionales. Y se niega a establecerse en un lugar fijo. Viaja para saciar sus ojos de paisajes, pero acaba volviendo, como quien vuelve del jadeo de un exilio dilatado, a su raíz, y se establece en Biel, Suiza, donde escribe sus obras más luminosas.

A partir de los 50 años una mancha turbia y aceitosa de voces ajenas se extiende progresiva por el estanque de su voluntad y de su pensamiento, y cinco años más tarde será internado definitivamente en el sanatorio mental de Herisau en Suiza. Como un incendio sofocado por una tromba de agua, con un resuello intenso de tristeza, su voz se ahoga. «Fueron veintitrés años en que decidió no escribir para concentrarse en ser loco», sentencia Vila-Matas. Pero a cambio pasea. Y escribe cartas, que es la manera de estar desvanecido para el mundo, pero poder seguir hilvanando palabras sobre la trama de las páginas vírgenes de los días.

Camina sobre nubes congeladas, bautizado el mundo por una muselina blanca cada día, sobre un páramo de hielo quebradizo. En uno de sus relatos antiguos, «El genio», su protagonista «se tumba sobre la dura costra de nieve helada, y tiene y cultiva la nada desagradable sensación de que debajo de él yace un mundo enterrado». Ese edredón entretejido de blancura va cobijando a Robert Walser día a día, dejando bajo él todo el planeta sumergido y cegando sus ojos para el negro, imposibilitándole mirar otra cosa que no esté hecha de albura y de fulgor. Si alguien preguntara que por qué la nieve, podría responderle Basilio Sánchez, quien hermosísimamente sintetiza esa devoción y, compartiendo el corazón y la mirada inuit con Walser, confiesa en unos versos del poema «La piedra buena»: «Reconozco/ que me gusta la nieve,/ que mantengo con ella una amistad antigua/ que algo tiene que ver/ con el recogimiento y con la calma,/ con la forma, quizás, con que yo mismo/ me protejo del mundo».

Hay una rima de escenarios en la vida de todo hombre. Hay un sonido concorde en su final que en algún momento imaginó, soñó o, quizá, intuyó. Hostigado por la muerte, Walser se acomoda a la que él proyectara premonitoriamente mucho tiempo atrás, no sólo en el relato citado, sino también, en el final de Sebastian de su obra *Los hermanos Tanner*. Escribe en esta novela, como si este personaje fuese su recreación libresca, que uno de los protagonistas vio de pronto «a un hombre joven echado sobre la nieve, en medio del camino». Y continúa más adelante, reproduciendo, mediante la fórmula narrativa del estilo indirecto libre, un pensamiento que el lector no sabe si transparenta el lodazal de congoja que ha desquiciado la voluntad del personaje, o es el del propio autor: «Sebastian debió de haberse desplomado allí, víctima de un cansancio enorme que ya no pudo soportar».

De esta manera anticipaba literariamente su extinción deseada y, en un estremecimiento súbito, esta le llega el día de Navidad como un don. La pesadumbre inagotable es el detonador del anhelo de desplomarse. Paseando sobre el manto del lino lívido del invierno —del que había escrito que «el frío es para mí un fuego abrasador, indescriptible»— se guarece en él para siempre. Robert Walser muere el día de Navidad de 1956 sobre el frío que tanto amó en su retiro en el manicomio de Herisau. De toda su vida sólo queda un rastro de huellas oscuras sobre un campo cubierto de nieve, como si fuera un mirlo extenuado, negro sobre blanco, la herida de la palabra sobre el hospedaje de la página virgen aún por escribir. «Nunca un hombre se ha parecido más a una mota de polvo», concluye Montiel.

El hogar que nunca llegó a tener totalmente en vida Robert Walser estará hecho en su momento final de una cuna de nieve, y de su nana de viento frío. Y un reguero inmenso de palabras que, sin él saberlo, darían sentido al dolor y someterían al tiempo. Dichosos los que pasan la noche con la insignificancia.

## 8

## DICHOSOS LOS QUE REGRESAN

El regreso nunca es una estación posible, porque el que vuelve —cual Ulises arañado por la bestia indómita de su devenir— nunca es el mismo. El retorno se parece siempre más a un nuevo comienzo, tras haber sido acendrada la propia biografía por la combustión del desconsuelo, que a una dimensión de ventura. El siglo de la novela experimentó diversas formas de regreso del infierno, pues a veces el viaje se inicia en él para luego abandonarlo y sobrevivirlo. Mas ni la vida es siempre una novela, ni la herida de Edmundo Dantés logra siempre saldarse en la vida real. Rimbaud mezcló como nadie ambos planos mas no logró del infierno sino regresar muerto ya. Y la vida de —su, en cierto modo, *alter ego* «inglés»— el poeta, novelista y dramaturgo Oscar Wilde, poniendo el broche final al siglo, lo expresa claramente.

Mimado por la crítica por su destello de *enfant terrible*, el acomodo en esta estampa confortante se hizo lugar acostumbrado y egoísta en la imagen del escritor irlandés victoriano tardío. Los poderosos le acarician graciosamente el lomo como a un potrillo indómito y rebelde. Aristócrata diletante, se codea con lo más granado de la sociedad londinense, a la que nunca consiguió pertenecer por irlandés y por homosexual. Pero, a pesar de ello, el público aplaude furioso tanto su locuacidad prematura y genial, como su vida disipada. De este modo, Oscar Wilde es aclamado por ricos y famosos, agasajado por los estetas de la indocilidad, que se inclinan ante un joven que alterna tanto con el lujo, como con la depravación, al tiempo que difunde a los cuatro vientos la supremacía del arte sobre la vida. Él mismo se torna tipografía viviente de su propio mensaje.

Mientras tanto, combina la ironía con la hondura existencial sorprendente en sus obras, y sus textos rozan el anhelo profundo del hombre, que conoce plenamente y de primera mano. Por ello, su disfraz escritural, Dorian Grey, se convierte en símbolo de una juventud eterna que niega las señales del abismo del tiempo sobre el cuerpo, mientras el joven protagonista de esta obra, ataviado por un rostro dominado por la metafísica de la eternidad, proyecta la edad, como un insecto en el ámbar, en la figuración pictórica. Igualmente se atreve a arremeter, con la mejor arma que posee un escritor —la ironía— contra los prejuicios de una sociedad hipócrita en *La importancia de llamarse Ernesto*.

Pero pronto conocerá en primera persona esa doble naturaleza del hombre que tanto había admirado en el desdoblado personaje del doctor Jekyll y míster Hyde, de su querido Robert Louis Stevenson. Y todos aquellos que le habían palmeado la espalda, anhelando la imantación de su buena suerte e influencia, y que presumían de afinidad afectiva con él, lo dejan solo. Eterno tópico de las relaciones humanas. Acusado de indecencia grave y de corrupción por el padre de su amante Alfred Douglas, el marqués de Queensberry, en su aislamiento de pozo negro sin luna reflejada, la cárcel se va a convertir en vendaval perenne durante dos años eternos. Ha rozado la cima de la gloria, gladiador del triunfo y arrogante en sus supuestas amistades poderosas, se atreve a extender su decadente modo de vida hasta una sociedad cuyo esqueleto moral de dinosaurio vetusto se preserva congelado frente a todo y frente a todos.

«Bienaventurados los que regresan» escribe el poeta hondureño Ronaldo Kattan, pero el regreso nunca es posible, porque el que vuelve ha sido abrasado en su conciencia por el potro de la culpa y de la herida. No tienes la más remota posibilidad de ganar el juicio, le había dicho a Oscar Wilde uno de sus amigos cercanos, y había añadido proféticamente: «los ingleses desprecian a los vencidos», presagiando la venganza social que se iba a perpetrar contra él por su conducta obscena.

De este modo, ejecutado el vaticinio y ya en la cárcel, el escritor irlandés araña las paredes de la incomprensión logrando solamente una piedad de polvo, un baluarte de astillas restañado durante el breve espacio de la escritura. Con una ternura inusitada Oscar Wilde le escribe a su amado, a su querido *Bosie* desde la cárcel, mientras espera la sentencia definitiva: «Mi queridísimo muchacho: Quiero asegurarte mi amor inmortal y eterno por ti. Mañana todo se habrá acabado. Si la cárcel y el deshonor son mi destino, piensa que mi amor por ti y la idea, la creencia aún más divina, de que tú me amas a tu vez me sostendrán en mi desdicha». Pero el amor es sólo una terminal de paso. Y aunque Oscar Wilde le habla a *Bosie* de alas, de luz que traspasa los barrotes de la cárcel, de espera, de inmortalidad, o de belleza, toda pasión tiene su légamo oculto de tragedia. Y el olvido es el dialecto que hablan los minutos en la voluble cosecha afectiva del muchacho miedoso e inmaduro.

Desde el abismo Wilde desgrana un salmo hecho de súplicas y obstinación. Una epístola cruzada por la sangre que mana del corazón descuartizado, por el azacaneo incesante de una larga espera sin señales. Desde esa atalaya malherida le reprocha al amante, como si el amor que siente por él fuera un cesto de mimbre sobre el que se vierte agua: «Querido Bosie: Después de una larga e infructuosa espera he decidido escribirte, tanto por tu bien como por el mío, pues no querría pensar que he pasado dos largos años de encarcelamiento sin haber recibido una sola línea tuya, ni siquiera una mera nueva o un mensaje que no me infligieran dolor». Pero el olvido también resulta ser un hospedaje confortable para el joven *Bosie* quien, cual serpiente que hubiese mudado de piel y la dejara tras de sí, se deshace temporalmente de su presencia. En círculos concéntricos que sólo apuntan a sí mismo, sigue viviendo, sigue escribiendo, sigue riendo, sigue viajando… Mientras, Wilde erige las murallas de un castillo de certidumbres quiméricas para poder respirar: «Tengo que conservar el amor en mi corazón a toda costa. Si voy a la cárcel sin amor, ¿qué será de mi alma?» confiesa catárticamente en *De profundis*, una crónica descarnada de su pena extrema. Inmóvil en su espacio limitado, braceando a duras penas para subsistir en un océano embravecido de silencios, el pensamiento no para de sacudirse la esperanza, de acumular certezas como cantos rodados pulidos por el tiempo. Por ello, tomando prestada la voz de Shakespeare, reconoce: «He limpiado el pecho prieto de la dañosa flema».

Retirado en Francia tras recuperar su aparente libertad, ya sólo le queda como testigo una soga de soledad para aferrarse. Comienza a escribir *La balada de la cárcel de Reading*, texto en el que se niega a sí mismo y, mientras escribe, le confiesa a su amigo Laurence Housman que «lloraría amargamente, si no hubiera llorado ya todas mis lágrimas». Es este un largo poema que encabalga tristeza sobre la tristeza, que cuaja el miedo hasta volverlo mineral, que acumula inercias de desesperanza en la bondad del hombre, y que construye una teología estremecida de un martirio sin nombre. Ahora la conciencia le fibrila como un pedernal incandescente y afiebrado, tras su liberación.

Oscar Wilde dibuja en la extensa tonada dolorida un *alter ego* de sí mismo, como si mirase un cristal azogado por la luna. Y le dedica la obra a un soldado de la Guardia Real Montada, muerto en la cárcel de Reading. Un preso que contempla, con infinito anhelo, la liturgia del dosel azul del cielo en el pequeño destello que se escurre entre los barrotes. Como un lirio sin luz ni agua, su voz agostada responde temblorosa a Shakespeare, tan presente y cercano en el irlandés en estos últimos años: «cada hombre mata lo que ama». Y él, que ha sido matado en vida, anticipando ya su fin, nombra la sed que lo tortura, que lija su garganta, con una monografía lírica laminada en agonía, apesa-dumbrada como un cadalso. Y bebe el sol como si fuera vino, el aire como un calmante. Antes de morir le enseña al mundo la lanceta responsable de su llaga, cauterizada con la cal viva de sus versos, para que la historia no pueda olvidar la culpa de haberle crucificado.

«¡Felices aquellos cuyo corazón puede romperse y lograr la paz del perdón!», reza el poeta irlandés, redimido de sí mismo al final de su canto, al final de su vida, modelando el reproche en una lamentación de cadencias y vacío. Y añade: «Y todo hombre mata lo que ama./ ¡Sépanlo todos!/ Unos, con una mirada cruel;/ otros, con palabras zalameras;/ el cobarde, con un beso,/ el valiente, con una espada».

Tras la muerte de Oscar Wilde, olvidado, solo y arruinado, escribe su amigo Rubén Darío, compendiando la estampa de su desventura en brochazos inspirados por la aflicción: «Un hombre acaba de morir, un verdadero y grande poeta, que pasó los últimos años de su existencia, cortada de repente, en el dolor, en la afrenta, y que ha querido irse del mundo al estar a las puertas de la miseria. Este hombre, este poeta, dotado de maravillosos dones de arte, ha tenido en su corta vida sobre la tierra los mayores triunfos que un artista pueda desear, y las más horribles desgracias que un espíritu puede resistir». Bienaventurados aquellos a los que se permite volver del fragor y del cansancio de esta orfandad cósmica de afecto y de piedad. Dichosos los que regresan.

## 9

## DICHOSOS LOS QUE CALLAN

El silencio es tierra mojada por la lluvia donde enraízan las mejores palabras. El silencio es un velero que cruza lentamente las aguas de la inquietud, dejando una estela abierta de pezuñas pálidas. Es una huella del resplandor del viento sin su llave, y de su aroma. Es una tarde prematura, una herida agreste, una casa sin dueño. Es la tentación permanente de quien ha consagrado su vida a la escritura. Porque nada que pueda decirse tiene la redondez, la infinitud y la perfección del silencio y de lo que no se dice. Por eso, escribe con una lucidez indescriptible el poeta Juan Antonio González Iglesias que: «Algo hay/ de revolucionario/ en la felicidad del silencioso». Y también por eso mismo, no son pocos los que, en algún momento de su vida, se sintieron empujados por esa rebelión dichosa. Escritores abocados al silencio por esa amputación de la voz que les obligó a no continuar la construcción verbal de un universo abrasado y roto o, en su versión efímera, a dilatar el espacio que golpea el corazón desde la composición de un libro hasta que llega la suficiente respiración para inaugurar el siguiente.

Entre ellos, José Hierro casi tocó su plenitud. Desde 1964 hasta 1991 se acomoda en el sillón de la mudez para escuchar hablar al mundo. Se hace cómplice en los bares de las cucharillas cuando mueven lentas el café en la mesa de al lado, de las copas que chocan entre sí cuando son depositadas en el fregadero, del humo ascendiendo como una odalisca embriagada y tentadora, de las risas y de las canciones tiznadas de alegría, del aguardiente que le susurra fiel su espera. En el último poemario que precede a esa voz dañada por siglos de minutos, el *Libro de las alucinaciones*, escribe: «Lo quiso todo o nada./ Por eso dejó todo:/ para tenerlo todo». Con ese aparente juego paradójico al que ya nos tenía acostumbrados, el escritor, quizá, anticipaba ese anhelo de totalidad. Y también la sombra de la mudez que le iba abrazando con sus piernas de amante entregada, febril y ardorosa. En «Marina impasible» añadía: «Por primera vez, o por última,/ soy libre…» Y es lo que tiene dejarse caer sobre el acantilado de la afonía, que te libera de la peregrinación de tener que encadenar al folio, huida la musa, ese relámpago de voz que jadea asmática ante el miedo al vacío.

Pero la diosa pocas veces abandona para siempre y, veintisiete años después, publica *Agenda*, una obra construida al hilo del vivir indisciplinado porque, como reconoce el escritor, «a la poesía no se la puede forzar». Y más tarde, *Cuaderno de Nueva York*, cuya voz percute el aire como lo harían las alas de un Fénix radiante en toda su soberbia envergadura. Ha peregrinado por el cristal de Nueva York y, en un homenaje merecido a los que le precedieron allí, canta el sonido de las huellas haciendo crujir el frío, acaricia la acuarela albina de la tela de araña del invierno, y arrulla en su canto, para evitar las lágrimas de nieve, a todo lo que en el universo es frágil y pequeño.

«Bienaventurada la gente porque a veces calla» escribe el poeta Carlos Catena Cózar. Pero ese «a

veces» también puede convertirse en otros escritores en un «para siempre». Autores de una sola obra
como proyectil efímero, o de varias tras las que,
inexplicablemente, la pluma calla. Son creadores
que se enfrentaron dificultosamente a la extenua-
ción que supone abismarse al despeñadero de un
folio blanco que te repite y recuerda, una y otra y
otra vez, como una chicharra insensata, todo lo que
está por escribirse, sin que se encuentren vocablos
para ello. Es el llamado síndrome Bartleby, que
toma su nombre del escribiente del relato de Her-
man Melville, quien, en la oficina, durante largo
tiempo se quedaba de pie mirando por la ventana,
contemplando, sin pensamiento alguno, la placi-
dez quieta de un muro de ladrillo en Wall Street.
Escribe, en este sentido, Vila-Matas que «todos
conocemos a los bartlebys, son esos seres en los
que habita una profunda negación del mundo».

Entre ellos no puede dejar de citarse a Juan
Rulfo y su *Pedro Páramo*, tras cuya escritura se
desplegaron ante él treinta años de silencio; o a
Rimbaud, quien, tras su segundo libro, a los 19
años, se calló para siempre y, como Wilde, no fue
capaz de regresar. También Alice Munro sucum-

bió a esa tentación en 2006, cuando declaró en el *Toronto Globe and Mail* que dejaba de escribir porque no tenía energía para seguir haciéndolo. A pesar de ello, pasados seis años, volvió a publicar *Mi vida querida*, su libro número 14, tras lo cual, de nuevo vencida por la fatiga o el desencanto, volvió a afirmar, aunque esta vez empleando un distanciador por si la escritura volvía a arrebatarla con su deflagración insomne, que «probablemente no vuelva a escribir». Y también Philip Roth amordazó su estilográfica en 2009, tras un bloqueo creativo tras el que entendió que ya «había escrito todo lo que tenía que escribir».

Pero la mudez no sólo atropella con voluntad metódica a los que reglamentan el horizonte desierto de los pliegos, sino que su escarcha también alcanza a los cuadernos pautados en pentagramas. De este modo, uno de los músicos más grandes que nos ha regalado la historia, Juan Sebastian Bach, tras década y media de una ingente producción musical, llevó a cabo un inesperado alto en el camino en su creación, al final de su vida. Dice el musicólogo Paul Hindemith: «Es como si a partir de este momento se hubiera abatido una sombra sobre su creatividad: la sombra de la melancolía. […] ¿Por qué no puede disfrutar de lo conseguido y sencillamente descansar?». Es el precio que se ha de pagar por la perfección alcanzada. Es el límite de belleza que la materia frágil del pensamiento, con su tesón de humo, puede contener. Es el precio que hay que pagar por rozar el cielo tras la alquimia imposible de estremecidas cadencias, caligráficas o musicales. Béla Hamvas se ha referido a ello con la expresión «la melancolía de las obras tardías». Dichosos los que callan.

## 10

## DICHOSOS LOS QUE ESPERAN

La esperanza es la jerga de los locos, aquellos que golpean su confianza de cristal contra el muro de adobe de la ferocidad, y sobreviven. El hombre es un ser extraño e incomprensible que actúa a modo de péndulo insensato desde una generosidad y belleza desbordantes, hasta una capacidad de daño y crueldad desmedidas, sin sentido desde la lógica del instinto animal de la supervivencia.

Cuando se ha perdido todo... Septiembre de 1942. Un hombre más, un judío, es deportado a Theresienstadt, cerca de Praga. Pasará después por cuatro campos de exterminio, incluido el más cruel, Auschwitz. Es un hombre al que —como a Job— se le ha despojado de todo, Víctor Frankl, víctima como tantos millones de hombres de un infierno que no cabe en la cavidad hospitalaria contenida en las manos de la palabra humano. Este hombre, en un monólogo herido en un amanecer sin nombre, azotado sin sentido por una bestialidad desmesurada, y rodeado en su aflicción por un rebaño de luces grises que copian los harapos sobre un cuerpo dolorido (que ya no puede ser llamado ni cuerpo ni humano), percibe por un instante, en su intensidad eterno, un cuchillo de belleza que saja este mundo despedazado.

Habla en un rumor velado con la amada, de la que no sabe si aún está viva y, mendigo de piedad, pide respuestas al cielo. Entonces, en una incisión desbordante de espíritu, como un tajo hecho del magma de un relámpago, escucha grabado en sus entrañas ese monosílabo luminoso que responde a su pregunta, hospedado en su susurro íntimo como un sello perenne en el latido, más fuerte que toda muerte. «En ese momento se encendió una luz en una granja lejana —escribe— recortada en el horizonte como una pincelada de color, radiante en aquel amanecer grisáceo en Baviera. *Et lux in tenebris lucet.* "Y la luz brilla en medio de la oscuridad"». Y como esa ave/alma del *Cántico* del carmelita, contempla en la fuente cristalina de una mañana opaca unos ojos que ya no son suyos: «En ese preciso instante, un pájaro se posó justo delante de mí, sobre el montón de tierra extraído de la zanja, y me miró fijamente.»

La esperanza es una cuenta de cristal que alguien deja en las manos de un niño-hombre para que se demore vislumbrándola, y pueda, así, soportar la brutalidad encarnizada de la vida. «Dichoso también el que en la vida/ sufre, llora y trabaja, ¡pero espera!» insiste Ramón de Campoamor, en esos caminos de la dicha de sus pequeños poemas. Y, tras el duelo que implica haber sobrevivido a la muerte de tantos, Víctor Frankl que ha descubierto la voluntad de sentido en su vida, la vuelca en las palabras, transformándolas en cauce de curación. De este modo, a partir de ese momento, hará uso de la *logoterapia* para limpiar los residuos de la neurosis, la gris enfermedad colectiva de la negra alambrada de púas. La búsqueda de sentido al sufrimiento se convierte en el mecanismo de reconciliación con esa culpa que carcome como una termita la conciencia de cada uno de los supervivientes, puesto que todos fueron conscientes de que se salvaron los peores, los que perdieron antes sus escrúpulos: «los mejores de entre nosotros —escribe Víctor E. Frankl— no regresaron».

Hay personas irradiadas por certezas de agua blanca, aunque estén enlodadas en aluviones de aflicción y desventura. Igual que V. Frankl, también la pequeña judía Ana Frank es poseída por una alegría incomprensible que talla muy grande para su cuerpo breve. «Quien no ha sufrido una desgracia tampoco cree en los milagros», escribe en su *Job*, Joseph Roth. Quizá, por ello, Ana Frank, creía profundamente en el poder que tiene el amparo sin reservas de la confianza frente a los zarpazos del mundo. Movida por una certidumbre incomprensible, escribe en su diario el 15 de julio de 1944: «Asombra que yo no haya abandonado aún todas mis esperanzas, puesto que parecen absurdas e irrealizables. Sin embargo, me aferró a ellas, a pesar de todo, porque sigo creyendo en la bondad innata del hombre. Me es absolutamente imposible construirlo todo sobre una base de muerte, miseria y confusión. Veo el mundo progresivamente transformado en desierto; oigo, cada vez más fuerte, el fragor del trueno que se acerca, y que anuncia tal vez nuestra muerte; me compadezco del dolor de millones de personas; y, sin embargo, cuando miro el cielo, pienso que todo eso cambiará y que todo volverá a ser bueno, que hasta estos días despiadados tendrán fin, y que el mundo conocerá de nuevo el orden, el reposo y la paz».

El 4 de agosto, la llamada «policía verde» holandesa penetra en el escondite donde estaba oculta junto a su familia y amigos, y son internados en un campo de concentración. Ana muere de tifus en el campo de exterminio de Bergen-Belsen en marzo de 1945, pero sus anotaciones siguen destellando en la vida de muchas personas, a las que sigue rescatando de su desaliento cotidiano.

¿Cómo la palabra puede curar lo que ha destrozado la palabra? Dichosos los que, frente al frío, frente a la tormenta, frente a la crueldad, frente a la desmesura, frente a la muerte del hombre, y pese a todo ello, atesoran en su regazo saquitos de semillas de anhelo para irlas sembrando frente al aguijón salvaje de la nada, mientras imaginan el resurgir del sol en el futuro. Dichosos los que esperan.

## II

## DICHOSOS LOS QUE CONFÍAN

La confianza es un brote esplendoroso de amapolas sobre un campo congelado con rejones de hielo en el invierno. Una gracia que nunca se merece. Un destello de luz que, como un foco poderosísimo, abre estelas en la noche coagulada densamente de alquitrán que es, a veces, la vida. Tiene una textura de milagro y, sin ella, ni se puede respirar, ni se puede caminar, ni se puede escribir poesía. Por ello, los poetas asimilamos como nuestras las palabras de Basilio Sánchez cuando afirma que «escribir un poema es andar sobre las aguas,/ confiarnos a lo bueno del mundo». Don y gratitud encadenadas en la música de los versos, y también en el propio latir del corazón golpeando nuestro pulso y cruzando, como un remansado río, la médula íntima de nuestra yugular. Eso es la confianza. Eso es la poesía. Eso es la vida.

Y la suma de las tres dibuja un arco iris fraguado de luz blanca simplemente sobre la existencia del más pequeño entre los pequeños que han habitado esta tierra, hermano de todo lo vivo de la vida. Su paso por ella estuvo sembrado de espigas de desconcierto, como aguas dichosas, que con el tiempo se han vuelto flechas que indican el sendero que conduce a la claridad. «Afortunado el que puede afirmar que confía» escribe, lúcido, como siempre, el poeta Juan Antonio González Iglesias. Confiar, tener conciencia de ello, y poder nombrarlo se suman en esa inteligente construcción («el que puede afirmar») que supera la sintaxis para recalar en el sentido.

Situado en esta dicha se encuentra Francisco de Asís, susurrándole al oído a las estrellas, y llamando hermanos a los animales, a la luna y al sol. En ese espacio íntimo de conciencia y comprensión, con su voz frondosa también le confiesa a Clara sus secretos. Clara, la pequeña Clara, que no quiere más que creer en un Amado que, en ese mundo y en ese momento, tiene voz y rostro del *poverello d'Assisi.* Dicen los escritos que la conversación entre ellos producía de lejos la apariencia de un incendio.

La confianza es poder caminar descalzo por el mundo, alimentarse de las migas desprendidas de la generosidad de los gorriones, como ave que no se afana por su vida, que no siembra, ni siega, ni recoge en graneros, sino que se deja contener por un madrigal de aire tibio que la acuna en transparencia, dueña de una libertad regalada por añadidura.

Francisco, nacido en cuna alta, con promesas de riqueza y de prestigio, es atravesado por la lanza furiosa de una luz indómita que le somete —como a un nuevo Pablo no de Tarso sino de Perugia, de la Umbría, de lo que los italianos llaman «il cuore verde d'Italia»— cuando se dirige a recoger en su caballo la gloria que les corresponde a los que batallan por las distintas maneras de la libertad en los siglos XII y XIII en el puzle de la política italiana medieval. Acostumbrado a derramar sus caricias sobre los paños más delicados en el comercio de su padre, pasa a convertir en tacto bondadoso la cercanía de la piel rugosa y enferma de los leprosos. El *poverello* ha viajado pendularmente, desde iluminar sus ojos en los candelabros de los cuerpos rotundos y seductores de las jóvenes que se contonean y lucen su dulzura ante el hijo del comerciante más rico de Asís, hasta entregar su cansancio al espacio abandonado de la capilla derruida de San Damián, que restaura con sus manos heridas piedra a piedra, hasta verla enaltecida de sus ruinas, tras escuchar la voz que le ata con su nudo: «Reconstruye mi casa que se desmorona». De alimentarse de los mejores manjares Francisco pasa a hacer depender su subsistencia de la generosidad de todos aquellos con los que se cruza, desposeído ya de bienes, en un dejarse caer sereno en los brazos del mundo y abrazado ahora por la misericordia.

Este viaje a los confines del universo que supone vivir entregado a la confianza es una ofrenda para quien fantaseaba con ser el comerciante más espléndido de Italia, para quien anhelaba la gloria que reconforta tras la batalla, para quien dibujaba entre sus sueños un futuro rodeado de hijos. Pero un canto, como ojal que agrieta la densidad de los deseos, se ha posado en las ramas invisibles del silencio, y lo ha hecho suyo. A él entrega sus

votos, no sin antes rodearse de millones de luciér-
nagas como ángeles alegres que revolotean en torno
a cada uno de los integrantes de esa nueva comu-
nidad recién nacida: Leone, Angelo, Illuminato,
Rufino, Masseo…, y tantos otros que, cruzando
el tiempo, colocarán sus pisadas sobre las huellas
indelebles de Francisco. Todos ellos galvanizan el
destello de un relámpago que hace de la oscuridad
alegría. Christian Bobin dibuja este nuevo man-
damiento que, en su ductilidad, es más cercano
al trigo que al pedernal: «júbilo en el alma, des-
preocupación del mañana, atención plena a toda la
vida. Disfrute de no estar sometido a nada, maravilla de todas las presencias». Estar «en las afueras
del mundo —concluye el escritor francés— empo-
brecido de todo, hambriento de todo, por todas
partes».

Pero la verdad es un imán para la sombra. Y una
regla sencilla y verdadera no favorece el resplandor
contaminado de las pequeñas glorias personales.
Desde dentro le crece al grupo un fango de vani-
dad y egos que hace que Francisco cuestione el
bien que le ha sido transmitido. Viaja y viaja y,
después, se retira. Ancla el péndulo y, como si de

un símbolo se tratara, empieza a dejar de ver para ver mejor y más profundamente. Y le va creciendo un canto enraizado como hiedra en los acordes de la contemplación interior. El sol que ha abrasado sus pupilas ahora es el hermano. La música que lo sostiene es horizontal y está hecha de mundo y de barro, allegados todos: el sol que ilumina, la luna y las estrellas, preciosas y bellas, el viento, la nube, el cielo sereno, el agua humilde y casta, el fuego alegre, vigoroso y fuerte, la tierra hermana y madre al mismo tiempo, que produce frutos y coloridas flores y hierbas… Y acumula dones en una letanía que le limpia el corazón y la voz le vuela en transparencia, en altitud blanca con ascendencia de dones y bienaventuranzas, como deberían ser todas las palabras pronunciadas desde el manantial herido y blanco del corazón.

Escondido en el monte Alverna, convertido en brote de afonía y luminarias pide que, entre sus múltiples heridas, se filtren los relámpagos. Y estos le llegan en forma de llagas diáfanas como una reproducción atronadora de la Pasión. Estamos ya en el final de sus días. Estos dos últimos años, profundamente enfermo, pero inmune ya a la desesperanza, dilapida las bendiciones que contiene su voz ebria de gracia sobre aquellos que sufren, sobre los que le rodean, que no llegan a entender la sabiduría que Francisco contiene en su centro. Le visitan, le tocan, le piden, pensando atónitos que parte de ese destello podrá ser compartido, adoran la liturgia de su cuerpo lacerado y la tipografía sagrada de sus heridas como manantiales de milagros cotidianos.

Ochocientos años después seguimos ignorándolo todo acerca del poder que otorga vivir sin más deseo que el de participar de la bondad que late bajo el mundo, sin más proyectos que el presente, sin más ambición que la entrega serena al don de la vida y al silencio interior… La confianza es una gracia que nunca se merece y que siempre sorprende. Dichosos los que confían.

## DICHOSOS LOS QUE SABEN QUE DETRÁS DEL LENGUAJE SE HALLA LO INDECIBLE

Las palabras tienen el don poderoso de realizar lo que en ellas se contiene, siempre que su voltaje pertenezca al amparo de este mundo. Pero, a veces, se quiere nombrar lo que se espera, lo que se sospecha, lo que pertenece al reino fragante de la transparencia, lo indecible… Entonces los términos se estiran para alcanzar la luz que a toda palabra se le promete. Y brotan términos cual gemas que destellan en una playa cubierta por la arena. Palabras acuñadas como milagros que vuelven vertical su júbilo. «Dichosos los que saben que detrás de todos los lenguajes se halla lo indecible» escribe en este sentido Rainer María Rilke. Y continúa: «Quizá estemos aquí solo para decir:

casa, puente,/ manantial, puerta, cántaro, árbol frutal, ventana,/ todo lo más: columna, torre… pero para decir, compréndelo,/ ay, para decirlo así como las cosas mismas en su intimidad». Son, de este modo, palabras talismán, palabras puerta, palabras nutricias en las que el mundo empieza a realizarse nuevamente, como si de un nuevo génesis se tratara. Y el mundo en ellas se transforma en cordial espacio habitable, en habitación de invitados para siempre.

Pablo Neruda, ese poeta-magma que milagrea en el poema con todo lo que nombra y que deposita sobre el idioma el polvo de oro, escribe consciente de su naturaleza demiúrgica: «Todo está en la palabra… Una idea entera se cambia porque una palabra se trasladó de sitio, o porque otra se sentó como una reinita adentro de una frase que no la esperaba y que le obedeció. Tienen sombra, transparencia, peso, plumas, pelos, tienen de todo lo que se les fue agregando de tanto rodar por el río, de tanto transmigrar de patria, de tanto ser raíces.»

Las palabras son, en consecuencia, la forma de albergar mejor el mundo. A ellas se les debe el mismo respeto que a los emperadores, que a los chamanes o que a los magos, porque en ellas también está el poder, la curación y el sortilegio. Son espadas de dos filos que abren la realidad y la muestran en su constitución íntima. Sujetan los anhelos, y lanzan un arpón de luz hacia lo alto, a lo sagrado que presienten habita el centro de toda la materia y da cuerpo fértil a todo lo que está vivo a nuestro alrededor. Pero nunca pueden alcanzarlo en su integridad desmedida. Sólo lo rozan, lo cercan, lo señalan, lo amparan, lo rodean... Detrás del lenguaje se halla lo indecible, le susurran a los sustantivos, a los adjetivos y a los verbos, puentes que sólo permiten sospecharlo. Aun así, en esta clarividencia anticipada está la dicha de todos los que nombran, de todos los que escriben.

Hugo Mujica, escritor bonaerense, viajero entre paisajes, entre experiencias extremas en las que busca curar las heridas de la falta de sentido de su vida —que es la vida de todos muchas veces— después de recalar en todas las vivencias a las que los años 60 invitaban, decide establecerse en la mudez durante un tiempo sin tiempo, en un monasterio trapense. Pero no se trata, en este caso, del mutismo creativo y escritural del que hemos hablado antes, pues en esta ocasión es la vida, toda la vida la que calla. Es, por ello, podría decirse, una tregua en su enunciación de carácter integral. De esta manera, durante siete años, Hugo Mujica asume el voto de silencio, como un recorrido interior de siglos de segundos como cuentas de un collar de ceniza, del que uno sólo puede regresar siendo poeta, ermitaño, o loco. Y a él la poesía le agarra las entrañas para siempre después de instalarse en cada célula de su vida como un cáncer luminoso.

Ya en su primer poemario se acerca a la orilla de la experiencia de la conciencia extremada que hace ser a todo hombre: «Silencio/ alto silencio// ni una voz/ que despierte/ distancias// la piel de tus ojos,/ celeste/ más allá/ lo eterno// sin descanso».

Lo eterno sin descanso nos sostiene. Lo sagrado que fusiona vidas y da unidad a la materia, anidando en su entraña, como un cendal de luz que todo lo anudara, como la explosión de una flor que ayer fuera semilla, en el meollo de lo que nos dice y hace vivos. Tras la escucha sin palabras, «queda lo que uno nace», insiste Hugo Mujica. Porque el silencio también tiene voz, y este susurro es más poderoso e intenso que cualquier grito. «Las musas no tienen labios, musitan a aquel que puede transformar los murmullos en palabras», sentencia.

El silencio expresa con frecuencia más que la palabra. Y apunta a todo lo que no puede ser dicho, lo que no puede ser nombrado, lo que queda a la orilla de lo consabido y arbitrario. Apunta a la experiencia única. Nuestro cerebro también sabe reconstruir las señales de la retirada de los sonidos con toda la significación que ello conlleva. Son las recientemente descubiertas «neuronas omisión» las responsables de tal proeza. Neuronas que descubren y dan sentido al vacío cuando se apagan los vocablos. Todo queda, entonces, al albur de la capacidad interpretadora de quien atiende a tal brecha sonora. «El más alto, el más puro alcance del acto contemplativo —defiende George Steiner— es aquel que ha conseguido dejar detrás de sí al lenguaje. Lo inefable está más allá de las fronteras de la palabra».

El silencio en la enunciación es simétrico al vacío en la escultura, a crear un hueco en la materia para que los bordes de lo amputado hagan florecer su sentido. Es el claro del bosque zambraniano, una vez más, y también el entrar más adentro en la espesura sanjuanista, donde se puede escuchar la palabra callada. Y ahí, en esta voluntad de nido hueco, está Chillida, con ese proyecto imposible de vaciar lo consistente, de desalojar la densidad compacta de la montaña canaria de Tindaya y generar, así, un gran vacío —épico— dentro. Busca el escultor vasco, con ello, expresar la relevancia que tiene la ausencia de materia, su significación y su oleada de energía, confiando el aire que respira a la atmósfera material de la bóveda de la roca de traquita. Y también apuntalar el poder de la luz, filtrada y rebotada en las paredes, su voluntad de manantial, y la disolución del tiempo, como la arena de un reloj fracturado, desperdigándose lenta por el suelo. «Se moldea la arcilla para hacer la vasija, pero de su vacío depende el uso de la vasija. Se abren puertas y ventanas en los muros de una casa, y es el vacío lo que permite habitarla. En el Ser centramos nuestro interés, pero del No-Ser depende la utilidad», afirma Lao Tse. Y añade también que pocas cosas bajo el cielo son tan instructivas como las lecciones del silencio, porque hace desbordarse dentro de él tanto a la conciencia como a la sabiduría. El hueco es a la materia lo que el silencio a la palabra. Y en ambos casos se busca decir lo que no puede ser pronunciado de otra manera. Dichosos los que saben que detrás del lenguaje se halla lo indecible.

## 13

## DICHOSOS LOS QUE NO RENUNCIAN
## AL REGALO DE LO INMENSO

Todos los cantos son sagrados porque en ellos, como en un lago insondable cuyo fondo no se deja contemplar, se da cobijo a una experiencia salvadora para el hombre, la de la conciencia de pertenecer a la estirpe de lo infinito. Por ello, cómo no entonar una melodía agradecida cuando el gorjeo incombustible del mirlo nos invita a acompañarle, cuando la pérgola del viento hace titilar plateadamente el inventario de las hojas del olmo en el otoño, cuando los cristales de la lluvia se fragmentan acompasadamente sobre el cemento de una ciudad desocupada, o cuando la cigarra, serafín ebrio de fulgor abandonado en esta tierra, transforma la luz en canto. El regalo de lo inmenso merece ser musicado en mosaico de acordes, de baladas, de tonadas, o de sinfonías. Así lo reconoce Vicente Gallego cuando escribe que «esta es una de las cosas más hermosas que me regaló la poesía: todo está lleno de sentido, incluso la total falta de sentido, pues todo admite ser cantado plenamente». Hasta lo que no parece tener lógica y razón, las recobra mediante el himno.

Quizá por ello, todos los poetas de todos los tiempos y culturas se han lanzado a celebrar la vida, locos de asombro, pues qué otra cosa que canto es el poema. Desde el alentar a la musa en el inicio de *La Ilíada*, «Canta oh Diosa…», pasando por obras tan diversas como el *Cantar de los cantares* de Salomón, el *Cántico espiritual* de Juan de la Cruz, los *Cantos de vida y esperanza* de Rubén Darío, los *Cantos* de Leopardi, los *Cánticos* de Hölderlin, el *Canto a mí mismo* de Whitman, las *Baladas líricas* de Wordsworth y Coleridge, el *Canto general* de Neruda, los *Cantares gallegos* de Rosalía de Castro, el *Cántico* de Jorge Guillén, o el *Cántico Cósmico* de Ernesto Cardenal, obras todas ellas que señalan desde el título el origen musical de la experiencia lírica, y su ligadura de admiración y maravilla ante la vida. Consciente de ello, celebra también Basilio Sánchez: «Dichoso el que, sentado/ bajo los grandes árboles/ que iluminan de verde las mañanas del mundo,/ no renuncia al regalo de lo inmenso».

No renunciar al regalo de lo inmenso es una expresión hermosa que presupone la gracia que a todos se nos concede cuando llegamos a la vida. Lo inmenso es una manera profundamente estética de la espera. Y casi siempre con ella va adicionado un exceso de amor. Así lo canta —o lo confiesa— uno de los poetas que más y mejor ha entregado sus ojos a contemplar el firmamento. Pero antes de llegar a alcanzarlo con su asombro, el escritor nicaragüense Ernesto Cardenal comparte en sus memorias su atracción de imán atolondrado por las muchachas de ojos uva moscatel, mecidas por una ingravidez de petirrojo recién nacido mientras las ramas de los árboles golpean el temblor caliente del verano. Todo en ellas es racimo de fascinación, mientras él no puede sino respirar —como escribiera Ezra Pound— un «aire lleno de mujeres».

Recuerda en sus escritos, entre el enamoramiento desvanecido y la melancolía, aquella suspirada melena que se había dejado crecer una de las adolescentes amadas, tras la ruptura, en la espera de volver al pequeño noviazgo cargado de ternura. Pero aquel cabello en la memoria, después de haber sido escrito pasado mucho tiempo, ya no se parecía al racimo de dátiles, ni al oro, ni a aquel rebaño de cabras que serpenteaba por las laderas de Galaad, porque un viaje de siglos se había depositado, como arena de dunas en el desierto, entre su cascada ondulada y oscura, y los ojos del amante. Porque es ahora un aire conmocionado de almena, una alfombra de firmamento la que hiere, atronadora, el cuello y suspende los sentidos del poeta.

Belleza temporal o belleza celestial, se repite a sí mismo, sin acabar de decidirse, durante un largo tiempo que se parece a un *foulard* ondulante bailando sobre el viento, en un mantra-madeja cuyos nudos es imposible deshacer. Pero, sin saberlo, ya había decidido: «Uno más uno no es dos/ sino uno». Belleza temporal o belleza celestial, se repite a sí mismo como una canción de cuna en la que va adormeciendo largamente la ineludible elección.

«Todavía brillan las mismas luces;/ en la laguna de Tiscapa se refleja la luna;/ pero aquel banco esta noche estará vacío,/ o con otra pareja que no somos nosotros», columbra apenado Ernesto Cardenal mucho tiempo después, deslizándose por el alambre de un amor que incluye ya todos los amores, anteriores o posibles, pero que no anula la añoranza de haber podido vivir una vida diferente a la escogida —o a la que a uno le escogió— con cualquiera de ellos. Después, siempre después, de aquel momento en el que se toma la decisión, después de aquel «vientecillo» que crece dentro hasta hacerse ribera de tormenta y abrazo de paz y de sosiego, los ojos azorados sólo pueden mirar la llanura hecha de estrellas, con la conciencia de que todo es lienzo de amor, de que al mundo lo envuelve una gasa de unidad, hermosura y serenidad.

Escribe, entonces, el nicaragüense, sabiendo que el asombro sólo puede adoptar la tersura de un concierto agradecido: «La naturaleza toda está llena de voz: todo en ella es canto y música y sonido; todos los seres susurran o suspiran, arrullan, trinan, silban, braman, aúllan, rugen, gimen, gritan, lloran o se quejan. El canto de las cigarras y los grillos y las ranas, y el silbido con que se llaman las ardillas listadas […] La creación entera no es más que pura caligrafía, y en esa caligrafía no hay un solo signo que no tenga sentido. El trazo de los meteoros en el cielo y el rastro de los moluscos en la arena, el paso de las aves migratorias en las noches».

Otros poetas se le habían adelantado al nicaragüense en la expresión concorde que entona la unión de todo lo que vive. Whitman descubría el infinito en la semilla al alcance de la mano del hombre. Profeta de lo insignificante (fuera hormiga, grano de arena o huevo de reyezuelo) que no hace otra cosa que escuchar, se había cantado a sí mismo y halló en su interior el sentido de la escritura del universo: «Vago y me tumbo sobre la tierra,/ para contemplar un tallo de hierba». Alienta a otros a seguirle, susurrándoles al oído, en esa contemplación de telescopio orientado a la semilla o al insecto: «¿No es un asombro la luz del día, el colirrojo tempranero cuando gorjea en los bosques./ ¿Asombro yo más que ellos?/ Ahora digo cosas en confidencia,/ no podría decírselas a todos, pero a ti te las diré».

Y antes que el poeta americano, también William Blake había contemplado el infinito en la flor y la eternidad en una hora. Sus palabras y pinturas se comunican con dimensiones translúcidas de la realidad, y ve ángeles custodiándolo todo. Escribe a los 20 años al reverendo John Trusler, quien le había reprochado, después de pedirle unos dibujos, que estos no se atenían a la moral y convenciones religiosas de la época: «Veo que todo lo que pinto existe en este mundo, pero no todos lo ven de la misma manera […]. El árbol que mueve a algunos al punto de las lágrimas, para otros es solamente una cosa verde que estorba en su camino. Algunos ven a la naturaleza ridícula y deforme, y yo nunca regiré las proporciones de mi arte bajo estos preceptos; hay personas que ni siquiera ven la naturaleza. Un hombre es, y así es como ve». Sus dibujos abren, de este modo, brechas incendiadas en la cohesión de las representaciones convencionales, mezcla deseos, sueños y percepción. Rasga en formato pictórico, adelantándose a la física cuántica, la aparente densidad de la materia. Y deja navegar por sus lienzos toda la potencia de una fragata imposible de tonalidades, que también se desliza en sus pocmas.

Todo en la noche refulgente es borrachera de belleza, amor y canto, parecen decir estos visionarios. Todo el universo deambula entre la inmensidad del infinito y la de lo desapercibidamente pequeño. Y el hombre sujeta ambos extremos en su cuerpo, en sus palabras y en sus ojos. Dichosos los que no renuncian al regalo de lo inmenso.

# 14

## DICHOSOS LOS QUE APURAN EL AÑO
## EN ARMONÍA CON LA TIERRA

Nuestra actualidad ha hecho del convivir sin contienda con la naturaleza una forma de recuperar esa percepción del instante pródigo, de la participación en un Jardín del Edén benévolo que siempre fue naturalmente nuestro. Empapado de serenidad e inteligencia y sabedor de su importancia desde hace décadas, escribe el poeta Antonio Colinas: «Dichosos sois, ya que le dais la espalda/ a la nueva barbarie y apuráis/ el año nuevo en armonía con la tierra».

El escritor francés Jean Giono, sabedor de ello, perfila en *El hombre que plantaba árboles* —sin duda uno de los mejores libros escritos el siglo pasado— el relato de la fuerza que tiene la tenacidad obstinada de un hombre solo, acumulada y concentrada día a día durante años. La insistencia particular en la mansedumbre y el bien, aunque solitaria y aparentemente insignificante, puede cambiar el fragmento de mundo y vida que nos ha correspondido a cada uno, parece decir Giono. Y así lo había escrito antes: «Ande solo, que su claridad le sea suficiente».

Un hombre perdido, nos relata el francés, es salvado por Elzéard Bouffier, persona de carácter recio, pero cuya compañía está invadida por la serenidad. Giono, no en vano humanista y pacifista en su propia biografía, nos dibuja a un individuo que ha perdido a su mujer y a su hijo y que, vidente del viento, se agarra con delicadeza al hormigueante anhelo de dejar tras de sí una inmensa terraza grávida de fronda, «como una gota de agua en el océano», en una inhabitual hazaña de carácter firme y humilde. Bouffier deja gotear semillas cada día, en una irrigación venturosa que hermanara perseverancia y grandeza, sobre un erial donde nadie hubiera esperado que crecieran. De este modo, sin rendirse ni un día, con una resistencia de tejo milenario, convierte un territorio yermo en una espesura espontánea de kilómetros esmeralda de árboles vueltos en alfombra generosa, abriendo así un boquete en la desesperanza.

Un lienzo descomunal de robles, hayas y abedules, sauces, arces, mimbreras, prados, flores, jardines, un tilo enorme que decreta la resurrección de la tierra, la brisa suave y perfumada, estanques, el agua en regatos, niños, risas, se tornan en edén arrancado de un páramo, y señalan cómo cada hombre puede transfigurar el mundo, cómo puede alterar creativamente su agotado universo, y cómo la unión de esa multitud de mínimas modificaciones haría de la tierra un lugar paradisíaco y más feliz. Jean Giono concluye esperanzadamente: «cuando pienso que un solo hombre, que no contaba con nada más que su propia fuerza física y moral, bastó para arrancar del desierto a esta tierra de Canaán, me digo que, a pesar de todo, la condición humana es admirable».

Esa condición extraordinaria, propia de hombres de fortuna interior, también es alabada y ensalzada magistralmente por Sergiusz Piasecki en su precioso libro *El enamorado de la osa mayor*. En este libro que condujo nuestra adolescencia hacia el sueño de la libertad, el escritor polaco, contrabandista y bandolero en su propia vida, nos canta esa emoción que tira cada noche de los habitantes de la frontera, ciudadanos de un cosmos que vuelve prismáticos sus ojos contemplando las estrellas, esa proa celeste que señala una manera privilegiada de la grandeza. «La soledad y el misterioso silencio de los campos —escribe relatando su propio asombro— me habían enseñado muchas cosas: a comprender mejor a los hombres, hasta a los que habían ya desaparecido; a pensar y amar. Amaba al bosque como pudieran amarlo el lobo o el lince. Estaba encariñado con el revólver como mi mejor amigo y protector, y, sobre todo, amaba a la noche, única y fiel amante mía».

Piasecki habla de un mundo en paz, hoy desaparecido e imposible, en el que los hombres caminaban por el enjambre agradecido de la noche, por los bostezos de las praderas, por las barriadas de los bosques sin miedo, sintiéndose como en casa, con la bóveda del cielo nocturno como bálsamo dichoso en el que cobijarse. Hombres díscolos cuyo elemento natural es la revuelta y el peligro, para los que la frontera es como un imán para el hierro, que han aprendido a vivir el momento presente, sin mañana, como navegantes intrépidos, que hacen de la amistad, su linaje, y de la armonía con la tierra, su ADN gozoso.

Casi sin aliento por la desbordante alegría de ser hospedado por el cosmos, continúa narrando el escritor: «En medio de estas maravillas y de estos fabulosos tesoros, en medio de este fulgor de colores y reflejos, vivíamos como niños perdidos en un cuento. La nuestra no era una batalla por la existencia, sino una lucha por la libertad de acción y por la alegría de la amistad. En nuestras cabezas soplaban todos los vientos, en nuestros ojos relampagueaban rayos, danzaban cirros y nubes, y las estrellas nos sonreían». Bandera de un mundo que desaparece, el gemido del viento proclama la felicidad y la armonía de unos seres humanos que están fuera de los censos oficiales, fuera de los registros y estadísticas, y de cuyo empadronamiento dan cuenta sólo los pájaros, los árboles y los lobos. Es este libro el relato de una experiencia de la que participó el propio escritor, quien hijo hoy de la leyenda en la que se convirtió su vida, coexistió en paz siempre con la naturaleza, con los animales y con las estrellas.

Tiempo después, otro enamorado de los espacios abiertos, el antropólogo y fotógrafo Wade Davis, canadiense de nacimiento y colombiano de adopción, defendería la necesidad de rescatar el entramado de culturas que pueblan la tierra, y de armonizar el mundo occidental con otros lugares del planeta, con su manera de experimentar la realidad y también con sus conocimientos, en muchas cosas más profundos y acertados que los nuestros. Como afirmara Albert Einstein, la intuición es un regalo sagrado y la racionalidad es un sirviente fiel. Pero, por desgracia, hemos creado una sociedad que honra al sirviente y ha olvidado el regalo.

El libro responde a la esperanza, compartida por tantos de nosotros, de que los contadores de historias puedan cambiar el mundo. «Uno de los placeres más intensos de viajar es la oportunidad de compartir la vida de pueblos que no han olvidado las antiguas usanzas, que aún sienten su pasado en el soplo del viento, que aún lo palpan en las piedras pulidas por la lluvia y lo degustan en las hojas amargas de las plantas», añade el escritor, quien dice haber encontrado el Jardín del Edén que se extiende en la costa suroccidental de África. Defensor del cordaje entre el estado del mundo en que vivimos y nuestra alma, Wade Davis, lanza una flecha incendiada al corazón de Occidente al señalar cómo si dejamos morir la tierra, con ella también moriremos nosotros como especie. «El agua que tenemos en el cuerpo no es distinta del agua del río», sentencia acertadamente, apuntando a la contaminación que mata nuestros arroyos y nuestras lluvias y, abriendo las compuertas de nuestra conciencia, concluye sabio y lúcido: «Para limpiar nuestra alma tenemos que limpiar los ríos». Vivir en paz y con respeto con el universo que nos rodea es una lección que el hombre que se llama a sí mismo «civilizado» no ha terminado de aprender, a pesar de que de ello dependerá el futuro de la especie. Un hombre que coloca su deseo por encima de todo y que quiere encerrar el universo en una celda para disponer de él a su antojo. Pero, como defiende líricamente William Blake: «Un petirrojo en una jaula pone furioso a todo el Cielo». Dichosos los que apuran el año en armonía con la tierra.

## 15

## DICHOSOS LOS QUE GUARDAN
## EN LA MEMORIA PALABRAS DE VIRGILIO
## O DE CRISTO

No somos dueños de nuestro lenguaje. Este adquiere en cada uno de nosotros la costura de las impresiones que sobre él depositaron nuestros ancestros. Somos hijos de los hijos de una genealogía encadenada que hizo del hablar un estado sagrado de participación y júbilo en el mundo. Y también de su dominio. Pero hay palabras como huellas dactilares que han dejado roturada la historia. Y el pensamiento del hombre que habita el siglo XXI les debe a ellas grandes dosis de siembra de esperanza. Son el mástil al que agarrarse cuando el céfiro brutal de la tristeza embiste la barca de nuestra vida. Son como yeguas cansadas que, tras parir, cobijan la tierra de los vocablos con su calor animal. Como látigos restallantes que nos dicen que hay ráfagas de luz impetuosa que nos pueden salvar de nuestro olvido. «Felices los que guardan en la memoria palabras de Virgilio o de Cristo, porque éstas darán luz a sus días», escribe recordándolo Borges, en sus fragmentos apócrifos de una siempre gozosa y eterna buena nueva.

El escritor judío austriaco Hermann Broch, poeta a pesar de sí mismo, como señaló de él Hannah Arendt, revive la muerte de Virgilio en sus palabras como si estuviera ocurriendo eternamente, y como si en ella se hubiera congelado la mejor posibilidad de cada partida. Igual que aconteciera con Yourcenar y su Adriano, el protagonista experimenta en paz este momento, su ir soltando el légamo del que estamos hechos, como hacen los niños con los juguetes rotos. «Mínima alma mía —escribe límpidamente Yourcenar mientras Adriano va dejando caer su espíritu en unas vislumbradas manos blancas que le esperan—, tierna y flotante, huésped y compañera de mi cuerpo, descenderás a esos parajes pálidos, rígidos y desnudos, donde habrás de renunciar a los juegos de antaño. Todavía un instante miremos juntos las riberas familiares, los objetos que sin duda no volveremos a ver… Tratemos de entrar en la muerte con los ojos abiertos…»

En uno de los pasajes literarios más hermosos que se han escrito sobre la muerte y sobre la provisionalidad e incertidumbre del arte, el protagonista delibera con su alma, que ahora es «tierna y flotante», y llena su contemplación de esa languidez de quien supo nombrar el vivir como dicha, pero de quien también, digna y curiosamente, intenta penetrar la opacidad de lo desconocido con el cultivo sereno de un asombro anticipado. Esa alma, llena de muescas provocadas por el tiempo, navega ahora por la indeterminación de un río hecho de aire, y anhela rebasar la laguna impulsada por la ternura que la hizo ser en vida.

¿Qué hacer con las palabras entregadas como fortuna por nuestros ascendientes? El poeta Virgilio, en *La muerte de Virgilio* de Broch, busca en vano restaurar esa unidad dañada entre cosa y voz que se constituyó en el paraíso, y que sólo levemente puede fundar de nuevo la poesía. Por ello es tentado por el fuego: «Quemar la Eneida», implora Virgilio y, en sueños, a salvo de la nebulosidad de la belleza, experimenta estremecido la avenencia del lenguaje y de la humanidad, la fusión de la palabra en su sonido directo y el alma en su sonido íntimo.

Dichosos los que mantienen encendido el fuego, con ramas de palabras, con madera de belleza, con troncos de silencio, de las palabras de Virgilio o de Cristo, porque esa lumbre infinita es una deflagración en la que es posible cauterizar el dolor de haber nacido. Hermann Broch construye, así, un relato enhebrado a la materia de la que estamos hechos y también a su simbología. El agua, el fuego, la tierra y el éter van dando forma a un alejamiento corporal de un hombre que asimila la muerte con la misma firmeza e intensidad que lo ha hecho con la vida. Felices los felices, concluye Borges, y el Virgilio de Broch encuentra esta dicha, al terminar el día, en su ascenso, en su regreso hacia lo eterno. Es el momento en que las naves arriban, en una aleación sin final, a ese espacio manufacturado de nada, en el que vuelven a reagruparse todos los constituyentes materiales, y donde toda palabra ahora es la Palabra: «la palabra se cernía sobre el universo, se cernía sobre la nada, flotaba más allá de lo expresable y lo inexpresable, y él, sobrecogido por la palabra y rodeado por su rumor, se cernía con la palabra; […] un mar cerniéndose, un fuego cerniéndose, pesado como el mar y leve como el mar, sin dejar por ello de seguir siendo palabra: no pudo retenerlo y no debía hacerlo; para él era inconcebiblemente inefable, pues estaba más allá del lenguaje.»

Las palabras de Virgilio y las de Cristo darán luz a los días venideros, iluminarán en la memoria los relatos en las noches oscuras. Así lo entiende también, como lo hiciera Broch, el escritor Erri de Luca. Con una biografía intensa que lo lleva desde su infancia en Nápoles hasta la escritura de una de las obras más hermosas que se han escrito en nuestros días, nos da noticias penúltimas y breves de Yeshua/Jesús. El Jesús de Erri de Luca hace temblar la lengua y convierte Galilea en un surco abierto para que fructifiquen las semillas de la Palabra. «Bienaventurados» —señala De Luca— «fue su primera palabra, según la tradición». La primera palabra hablada es tomada de la palabra inicial del *Libro de los Salmos*, como haría un poeta grande. De este modo respondía Jesús en la obra de Erri de Luca —y sigue respondiendo— al sentimiento de un pueblo, de una humanidad, que necesita sentirse segura y dichosa. Pero, continúa el escritor, los siguientes términos escogidos son ya un «cántico nuevo». El Cristo de Erri de Luca es un trovador que engarza perlas desmedidas de esperanza con el hilo del viento sobre un monte. Hijo de un carpintero, ha aprendido a hablar con los bosques y, por esto, sabe dirigirse también a los hombres, porque se conmueve ante la docilidad de las vetas frágiles del alma. Un hombre que taja en dos la historia, y que forja lo imposible: la posibilidad irracional de la carne muerta y descompuesta vuelta a ser de nuevo entera y viva en forma de luz. «Si hubiera nacido hoy —afirma acertado el escritor—, lo habría hecho en una patera de inmigrantes, arrojado al mar junto a su madre a la vista de las costas del sur de Europa».

Felices, dichosos y bienaventurados —sin duda— aquellos que recuerdan sus palabras, piedras reverberadas de sol sobre el enfebrecido asfalto lóbrego de un mundo sin dirección ni guía. Luminosas, esperanzadas y profundamente felices las palabras de Yeshua que reparan la naturaleza rota y desatan el nudo de los dones que pertenecen a la gracia. También Beñat Arginzoniz le mira a los ojos y le nombra escribiendo un Evangelio del hombre sobre el esplendor de un amanecer que siempre espera. Un Jesús el de Arginzoniz que se transforma tras escuchar el leve aleteo de un pequeño pájaro que tiembla en la llama viva del amor, y que alienta a sus amigos: «Si queréis hacer algo debéis primero aprender a amarlo y hacerlo después sólo por amor». Aprended a hablar con palabras de luz, añade, exhortando a sus amigos a ser poetas.

Precisamente entre los focos de Virgilio y de Jesús, de los que fue contemporáneo e igualmente poeta como ellos, habitó y disfrutó Ovidio la Roma púrpura de Júpiter, el *padre de la luz*. Mas desterrado del paraíso por el augusto amo del imperio y del calendario, Ovidio fue empujado a la desgracia diecinueve siglos antes que Oscar Wilde: de la gloria a los infiernos sin una explicación (*carmen et error*, un poema y un error, dejó escrito el poeta en expresión tan enigmática como el *Rosebud* de Welles). A las afueras del limes, en el destierro al que será confinado lo ha imaginado —sabiendo del nacimiento de un nuevo dios en la figura de Cristo, cuyas primeras noticias llevan al poeta un sustituto ilusionante y esperanzado del paraíso del que había sido despojado tras su particular caída— el rumano Vintila Horia en *Dios ha nacido en el exilio*.

Ficción aparte, lo cierto es que aquella herida de Ovidio que fue la caída en desgracia y, posteriormente, el exilio —como lo fuera a su vez también para el rumano Horia dos mil años después— hizo que surgiera de él una transformación. Llama la atención que las *Metamorfosis*, obra escrita a caballo entre el éxito y la caída, y en la que, en palabras de Gustavo Martín Garzo, todo parece haber sido concebido para refutar la muerte, constituya el pórtico a su gran transformación vital. No en vano, uno de nuestros mejores poetas actuales, profundo conocedor de la obra de Ovidio ha escrito de él que la sombra final contrarresta su luminosa juventud, y hace, del que podría haber sido el más superficial, el más profundo de los elegíacos latinos.

En tiempos enquistados de oscuridad y brea, necesitamos términos colmados de relámpagos y llamas que abran los ventanales en el presente y dejen penetrar en nuestra vida huracanes de futuro. Dichosos los que guardan en la memoria palabras de Virgilio o de Cristo.

## 16

## DICHOSOS LOS QUE ESCRIBEN POESÍA
### DESDE EL JÚBILO

Escribir bajo la bóveda albeada de alegría, escribir con la tinta colmada de aturdimiento y los ojos bailando con la agitación de un colibrí en la orilla de un riachuelo. «Feliz quien, al amparo de la fe,/ escribe poesía desde el júbilo,/ el drama, la alabanza y el sentido» canta, convencido de ello, Luis Alberto de Cuenca. Escribir un poema es como repetir una plegaria que esperara los latidos del corazón para cumplirse. Son muchos los poetas que han bautizado sus versos en el manantial de este milagro jubiloso, contagiados por la expresión arrebatada del mundo que los circunda.

José Hierro, buscando entre la noche de las piedras, se dio de bruces con la luz y la alegría.

Comenzaba Hierro su poema «Alucinación en Salamanca» con la pregunta: ¿En dónde estás, por dónde/ te hallaré, sombra, sombra,/ sombra?… Y, avanzados unos versos, confesaba: «De pronto,/ deslumbradoramente,/ el agua cristaliza/ en diamante… Una súbita/ revelación.» Ese levantamiento del velo, esa «revelación», expresa ya cierta forma encendida de encuentro con la cualidad más sagrada de la luz, la felicidad, esa que Hierro rastreaba, sospechaba, reclamaba desde antiguo en su escritura.

Pero antes de la alegría será necesaria la soledad y la sed, simiente en la que brotará la escucha y, también, el agua que sacia, cuando se llegue a la conciencia, como escribe la poeta Ada Salas, de que «la fuente/ que buscáis mana de/ vuestro pecho». Por ello, algunos escritores piden esa sed como don primero, como inicio del viaje hacia el gozo. Así lo suplica Piedad Bonnet: «Para mis días pido/ […] no agua para la sed, sino la sed,/ no sueños/ sino ganas de soñar./ Para las noches,/ toda la oscuridad que sea necesaria/ para ahogar mi propia oscuridad».

Es necesario cierto desapego del exceso de mundo y de su plasticidad para llegar a ese fruto de la espera. A veces no hace falta nada más que estar, dejando latir los ojos en la confianza. Un día normal, con su cesto repleto de rituales y de gestos consabidos… Y de pronto, como la flor inesperada del almendro en pleno frío, se desata el incendio. Como si nada, como si todo… Lo canta Eloy Sánchez Rosillo: «No se puede prever. Sucede siempre/ cuando menos lo esperas. Puede pasar que vayas/ por la calle, deprisa, porque se te hace tarde/ para echar una carta en correos, o que/ te encuentres en tu casa por la noche, leyendo/ un libro que no acaba de convencerte […]. Y de pronto,/ se desata una luz poderosísima/ en tu interior, y dejas de ser el hombre que eras/ hace sólo un momento. El mundo, ahora,/ es para ti distinto. Se dilata/ mágicamente el tiempo, como en aquellos días/ tan largos de la infancia, y respiras al margen/ de su oscuro fluir y de su daño./ Praderas del presente, por las que vagas libre/ de cuidados y culpas. Una acuidad insólita/ te habita el ser: todo está claro, todo/ ocupa su lugar, todo coincide, y tú,/ sin lucha, lo comprendes./ Tal vez dura/ un instante el milagro; después las cosas vuelven/ a ser como eran antes de que esa luz te diera/ tanta verdad, tanta misericordia./ Mas te sientes conforme, limpio, feliz, salvado,/ lleno de gratitud. Y cantas, cantas».

Es esta una forma anticipada de felicidad a la que todos tenemos acceso en algún momento en nuestra vida, una cotidiana inflamación del corazón de la que Luis Rosales escribe que «siempre está a punto». El universo la nombra diariamente, y nos la recuerda en cada tiempo, especialmente en primavera, que se va anticipando lenta en los brotes verdes que hablan blancos de las flores que llegan pronto fulgurando. El mundo está en ese momento —lo está siempre, pero en ese momento es más evidente todavía— cuajado de señales de una vida colmada y profunda. Transfigurados de flores los frutales: manzanos y cerezos con sus pequeños botones blancos, los membrillos con la hermosura de los rosales más humildes, la conmoción encarnada de los prunos… Más también la sorpresiva flor blanca de textura de rosa del magnolio, las lilas y sus fragantes tajaduras en la contundente cosmética del aire…

Pájaros y canto habitan, entonces, por fin, el mismo lugar, el del aire. Se ha experimentado la certeza, y los ojos deseados están bombeando la

sangre hacia el milagro y hay que apartarlos, porque ya se va de vuelo alzado y tanta luz hace daño
y, como señala Antonio Enrique, entre los ojos y la
voz, ya no queda espacio. Nos dice de nuevo, consciente de este ascenso, José Hierro: «Un día algo
despierta en el recinto silencioso/ —resurrección
o transfiguración—:/ ya no es el tejedor apresurado
de la saliva de oro/ sino una mariposa». Y detrás,
siempre, un poema.

Así lo hace jubiloso el poeta Vicente Gallego,
quien con la contundencia experimental de cada
célula de su cuerpo nos modula, en estructura de
versos, el encuentro llameante con una forma feliz
de experiencia cordial, después de la cual ya no es
posible dejar de cantar, y sólo cantar, su lugar junto
al amor: «Desde que ha amanecido/ —escribe—
no dispongo morada en las orillas:/ buscad aguas
adentro, en lo que sois,/ y allí me encontraréis,
junto al amor,/ en la semilla/ por la que todo amor
se sabe y canta». Entre tanta confusión y ruido,
sometidos en todo tiempo a la pesadumbre de
ceniza que pregonan con sus altavoces los trans-
misores de la sombra, es forzoso esperar también
en la alegría, en el vibrante palpitar del mundo,

pues la vida está empapada de claridad y de sentido, parecen preconizar la naturaleza y las musas.

Escribir poesía es, de este modo, como una letanía ebria de intuida embriaguez gozosa. El escritor José Luis Puerto reivindica, en este sentido, que poetizar «es realizar un viaje a la transparencia. O, lo que es lo mismo, un viaje a lo sagrado. A lo sagrado del ser y a lo sagrado del mundo». Para Antonio Colinas, por su parte, la poesía «es un medio ideal de armonía, pues representa a la palabra inspirada, la que, al pronunciarla, armoniza al ser consigo mismo, y al ser con el mundo».

Escribir poesía es una manera de rogar al dios de la mañana que derrame sus espigas de luz sobre los días. Que no permita mirar lo mismo en cada cosa. Que llene el aire de candiles y los poros como zarzas los perciban. Que pronuncie el nombre verdadero del delirio y no nos prive de la dicha de ser ascua. Que el agua de las horas humedezca el canto y que nos impulse. Que nos deshaga las dudas y nos asombre el tacto con bengalas. Que nos llene el camino con guijarros de hogueras. Que la madeja de palabras con que nombramos sea sólo nudo alado en el que se desorbite la lógica, y que en él se dé cobijo al extravío. Que no nos prive el dios de la infinita lumbre de sentir la desmesura del pábilo inquieto de este día. Y que a este universo fúlgido y hermoso la alegría lo sostenga para siempre. Dichosos los que escriben poesía desde el júbilo.

*Donde se deposita la luz*
podría haber sido —según la autora—
el título de este libro que, sin embargo,
se presenta al lector como
*La belleza de lo bienaventurado*.

En él se habla de la infancia,
la locura, el silencio o la muerte.
Mas, sobre todo, de júbilo,
dicha y bendición porque
—como dice Asunción Escribano—
«el mundo está lleno de seres y de momentos
tocados por la herida y la bondad».

Iba ya por mayo el 24 y,
mientras se corregían pruebas,
se celebraba a Felipe de Betsaida y a Santiago
el hijo de Alfeo, llamado el Menor,
y, días después, al santo Job,
bienaventurados los tres con no pocas
de las dichas que en este libro se alaban.

Colección
DE LA BELLEZA

1. *La belleza de los muertos* · Ildefonso Rodríguez

2. *La belleza en la infancia* · Elisa Martín Ortega

3. *La belleza de lo pequeño* · Tomás Sánchez Santiago

4. *La belleza de los jardines* · Darío Álvarez

5. *La belleza del afuera* · Jorge Praga

6. *La belleza del vagar* · Gonzalo Abril

7. *La belleza de lo oculto* · Daniel V. Villamediana

8. *La belleza de los locos* · Fernando Colina

9. *La belleza del caminar* · Avelino Fierro

10. *La belleza de las cosas* · Marijose Tobal

11. *La belleza de traducir… poesía* · Natalia Carbajosa

12. *La belleza del barrio* · Ruth Miguel Franco

13. *La belleza del recuerdo* · Luis Gonzalo Díez

14. *La belleza de la ciencia* · José Manuel Sánchez Ron

15. *La belleza de lo anómalo* · Juan Carlos Arnuncio

16. *La belleza de lu materia* · María Ángeles Pérez López